선림의 수행과 리더쉽
정선스님의 선림보훈

정선스님의 선림보훈

선림의 수행과 리더쉽

감역 · 벽해 원택

04
성철스님이 가려 뽑은 한글 선어록

장경각

개정판을 발간하면서

○

해인사 백련암으로 출가하고 몇 년 후 성철 큰스님께 여쭈었습니다.
"스님! 불교는 왜 인도에서 번성하지 못하고 쇠하여졌습니까?"
"이놈아! 불교가 어려워서 인도에서 쇠해버렸다."
큰스님의 말씀을 듣는 순간 망치로 머리를 맞은 듯 멍하였습니다. "불교가 어렵다."고 하신 그 말씀을 우리 모두의 화두로 삼아야 하지 않을까 생각합니다.
"불교가 어렵다"는 뜻은 "부처님의 말씀을 단순히 이해하고 사는 것이 아니라 부처님 말씀의 진리를 깨쳐서 부처님 마음과 자기의 마음이 하나가 되어 자유롭게 세상을 살아가는 그 실천을 이루기가 옛날에도 어려웠고 지금도 어렵고 내일에도 어려운 것"이라고 성철 큰스님께서 우리들에게 가르침을 주신 것이라 생각합니다.
참선을 통한 깨달음의 길을 대중들이 쉽게 걸어가길 바라셔서,

성철 큰스님께서는 30여 년 전에 선어록을 한글로 번역하여 발간토록 당부하셨습니다. 1987년 11월에 출판사 '장경각'을 합천군에 등록하여 그 후 6년에 걸친 작업 끝에 〈선림고경총서〉 37권을 1993년 10월에 완간하였습니다.

그러나 책의 제목이 한문으로 쓰였고, 원문을 부록으로 실어서인지 독자들에게 널리 읽히지 못하고 종이책은 10여 년 전에 절판되고 교보문고의 전자책으로만 겨우 살아 있습니다.

마침 올해는 성철스님께서 "부처님 법대로 살자"는 기치를 내걸고 봉암사 결사를 실행하신 지 70년이 되는 해이고, 1967년 해인총림이 설립되어 초대방장에 추대되시고 백일법문 사자후를 펴신 지 50년이 되는 해입니다.

이러한 뜻깊은 해를 맞이하여 〈선림고경총서〉 37권 중에서 요긴한 책 26권을 골라 20여 권으로 정리하여 '성철스님이 가려 뽑은 한글 선어록'이라 이름하고 2~3년 안에 발간하기로 원을 세웠습니다.

30대 이하의 세대가 한글전용세대라는 점을 염두에 두고 쉽고 자세한 주석을 붙여 이해를 돕고자 하였습니다. 참선에 대한 기본적인 인문학 서적이 부족한 현실에서 참선을 안내하는 귀중한 마중물이 되기를 바랍니다.

'성철스님이 가려 뽑은 한글 선어록'의 원만한 간행으로 독자 여러분들에게 선의 안목을 열어주는 특별한 인연이 맺어지기를 불보살님 앞에 간절히 기원 드리며 야보선사의 게송을 한 구절 소개합니다.

대나무 그림자가 섬돌을 쓸어도 먼지 하나 일어나지 않고
달빛이 연못 속 밑바닥에 닿아도 물에는 흔적 하나 없구나.

죽영소계진부동
竹影掃階塵不動

월천담저수무흔
月穿潭底水無痕

2017년 2월 우수절
해인사 백련암
원택 합장

일러두기

1 이 책은 선림고경총서 제6권 『선림보훈(禪林寶訓)』을 다시 출간한 것이다
2 기존『선림보훈』은 주석서인『선림보훈필설(禪林寶訓筆說)』에 따라 상중하로 나누었으나 다시 출간하면서 한국에 통용되는 상하의 구분으로 하였다.
3 각 단락의 제목은 그 내용을 대표하는 것을 취하여 번역 과정에서 붙였고 각 번호마다 "○○스님이 말하였다"는 것이 반복되므로 이것은 생략하였다.
4 스님들에 관한 주석 및 생몰년대는『선학대사전(禪學大辭典)』(大修館書店, 1979)과『중국불학인명사전(中國佛學人名辭典)』(明復編, 方舟出版社)을 참고로 하였다.
5 본문의 전거를 밝힐 때 T는『대정신수대장경』, X는『대일본속장경』, H는『한국불교전서』를 의미한다. 예를 들어 T48-417a는『대정신수대장경』제48권 417쪽 a단을 말한다.

해제
○
解題

『선림보훈(禪林寶訓)』은 송대(宋代) 선사들의 어록이나 전기에서 수행자들에게 도움이 될 만한 어구와 기연(機緣) 등을 모은 글이다. 문헌에 따라『선림보훈집(禪林寶訓集)』,『선문보훈(禪門寶訓)』등이라고도 한다.

현재 남아 있는 서문에 따르면 원래는 우리에게『서장(書狀)』의 저자로 잘 알려진 임제종 양기파(楊岐派) 묘희대혜(妙喜大慧, 1089~1163) 스님과 죽암사규(竹庵士珪, 1082~1146) 스님이 운거산(雲居山) 운문사(雲門寺)에서 토굴을 짓고 살면서 모은 것이었다. 하지만 당시에는 출판·유포되지 못하고 순희(淳熙) 연간(1173~1189)에 정선(淨善)스님이 운거산에 갔다가 조안(祖安)스님에게 낡고 손실된『선림보훈』을 얻었다. 이후로 정선스님은 10여 년간 여러 어록과 전기를 참고하여 50여 편을 추가로 모아 전체 300여 편으로 구성된 현재 상태의『선림보훈』으로 다시 편집하고 서문을 붙여 1182년 2권으로 간행하였다.

『선림보훈』에는 황룡혜남(黃龍慧南, 1002~1069) 스님부터 불조졸암(佛照拙庵, 1121~1203)까지 150여 년의 세월동안 송대에 활약한 임제종 선사들의 이야기가 실려 있다. 『선림보훈』 서문에도 밝히듯이 총림의 도덕이 쇠퇴해가는 현실을 염려하여 옛 스님들의 말씀이나 수행을 수립하여 납자들의 귀감이 되게 하고자 한 것이었다.

『선림보훈』의 두드러진 특징은 각 편마다 출처를 밝혀놓은 점이다. 이런 방식은 이후 『인천보감(人天寶鑑)』(1230년) 등에서도 보이는데, 『종문무고(宗門武庫)』, 『총림성사(叢林盛事)』, 『고애만록(枯崖漫錄)』 등 여러 스님들의 단편적인 이야기를 담는 송대 주요 문헌들의 흐름에서도 독특한 특징이다.

거사와 주고받은 서한으로 유명한 대혜스님이 편집을 시작하였다는 사실에서도 알 수 있듯이 『선림보훈』에는 송대 선사들이 거사들과 얼마나 많은 교유가 있었는지를 알려주는 내용이 상당하다. 지역 군수는 물론 왕안석(王安石)이나 장상영(張商英) 등과 같은 정치인부터 황정견(黃庭堅) 등의 문인까지 여러 거사가 등장한다. 또한 유가의 문헌을 빈번하게 인용하고 있는 것을 볼 수 있기 때문에 다양한 방식으로 송대의 유교와 불교가 영향을 주고받는 모습을 확인할 수 있다.

또한 『선림보훈』에는 주지살이와 관련한 스님들의 법문이 많은 부분을 차지한다. 교단 내적으로 선종 사원의 구색을 갖춘 송대의 사회상을 보여주는 것이라고 할 수 있다.

『선림보훈』은 명대 이후로 대장경에 편입되어 여러 선종 문헌 중에서도 중요한 위치를 차지하였다. 그런 만큼 명말(明末)에서 청대(淸代)에 걸쳐 몇 가지 주석서가 저술되었다. 명말 숭정(崇禎) 8년(1635) 운서사의 대건(大建)스님이 지은 『선림보훈음의(禪林寶訓音義)』1권이 처음 나왔고, 이를 토대로 명말 영력(永曆) 4년(1650) 장문가(張文嘉)와 장문헌(張文憲)이 편찬한 『선림보훈합주(禪林寶訓合註)』4권이 나왔다. 이어 영력(永曆) 8년(1654) 앞의 『합주(合註)』에 서(序)를 썼던 행성(行盛)스님은 42분 스님의 깊은 뜻을 염송(拈頌) 74수로써 나타내고, 『선림보훈염송(禪林寶訓拈頌)』1권을 지었다.

그 후 청(淸) 강희(康熙) 17년(1678) 덕옥(德玉)스님의 『선림보훈순주(禪林寶訓順硃)』4권과 강희(康熙) 45년(1706) 지선(智禪)스님의 『선림보훈필설(禪林寶訓筆說)』3권이 있다. 이처럼 많은 주석서가 나오게 된 것은 그들 서문에서 번번이 밝히고 있듯 총림이 쇠퇴함에 따라 총림의 귀감이 되는 것을 밝히고자 한 때문이다.

우리나라에서도 매우 일찍 『선림보훈』이 간행되었다. 현재 보물 제700호로 지정되어 있는 『선림보훈』2권본은 그 간기(刊記)에 의하면, 고려 우왕(禑王) 4년[선광(宣光) 8년, 1378] 충주의 선찰(禪刹)인 청룡사(淸龍寺)에서 개판(開板)한 것이다.

양가(兩街) 요암행제공(了庵行齊公)이 『선림보훈』을 얻어 보고는 처음 보는 것이라 감탄하면서 그의 문인 상위선사(尙偉禪師)에게 판각하여 유포할 것을 부탁하니, 상위선사는 만회(萬恢)스님과 함께 모연하고 고식기(高息機)와 최성록(崔星錄)이 모연을 도왔다. 그리고 환암(幻庵)스님이 글[題]을 써주었다고 한다.

그 외에도 조선 중종(中宗) 20년[가정(嘉靖) 4년, 1525] 순천 대광사(大光寺)에서도 2권으로 된 『선림보훈』이 간행되었다.

차례

개정판을 발간하면서 … 005
해제(解題) … 009
선림보훈(禪林寶訓) 서(序) … 018

○
선림보훈 상

●

01. 도보다 높고 덕보다 아름다운 것은 없다 … 022
  명교설숭(明敎契嵩)

02. 명예를 피하여 절개를 지키다 … 028
  원통거눌(圓通居訥)

03. 말세학인은 안위를 살펴야 한다 … 032
  대각회연(大覺懷璉)

04. 늙고 가난할수록 뜻을 굳게 가져야 한다 … 037
  효순노부(曉舜老夫)

05. 대중을 받드는 요점을 말하다 ··· 041
　　법원녹공(法遠錄公)

06. 계행이 청정해야 명성을 얻는다 ··· 048
　　오조법연(五祖法演)

07. 도는 사람을 떠나지 않으나 사람이 도를 버린다 ··· 059
　　백운수단(白雲守端)

08. 활짝 트인 것이 도인의 마음 씀씀이다 ··· 067
　　회당조심(晦堂調心)

09. 대중을 얻는 요점은 사람 마음을 살피는 데 있다 ··· 075
　　황룡혜남(黃龍慧南)

10. 공안을 설명하는 어리석음을 경계하다 ··· 083
　　홍영소무(洪英邵武)

11. 도인이 가니 총림이 시들다 ··· 088
　　진정극문(眞淨克文)

12. 도덕 있는 사람은 대중과 같이 즐긴다 ··· 094
　　담당문준(湛堂文準)

13. 화복과 길흉은 한 울타리 안에 있다 ··· 102
　　영원유청(靈源惟淸)

14. 도는 믿음에 달려 있고 믿음은 진실에 달려 있다 ··· 119
　　원오극근(圜悟克勤)

15. 납자의 본연은 어디에도 끄달리지 않는 것이다 ··· 127
　　불감혜근(佛鑑慧懃)

16. 남에게는 엄격하고 자기에게 둔해짐을 경계하다 ··· 134
  불안청원(佛眼淸遠)

17. 늙고 병든 스님을 뒷바라지하다 ··· 138
  고암선오(高庵善悟)

18. 사대부에 아첨하여 불도를 손상시킴을 경계하다 ··· 153
  귀운여본(歸雲如本)

19. 『변영편』에 발문(跋文)을 붙이다 ··· 159
  원극언잠(圓極彦岑)

20. 상주물을 사사로이 씀을 경계하다 ··· 161
  동산혜공(東山慧空)

21. 혜공스님의 답서를 평하다 ··· 164
  절옹여염(浙翁女琰)

○
선림보훈 하
●

22. 출가한 뜻을 저버리지 않다 ··· 168
  설당도행(雪堂道行)

23. 이익을 구하는 자는 도를 얻지 못한다 ··· 183
  황룡사심(黃龍死心)

24. 사념이 일어나기 전에 다스리다 ··· 189
   초당선청(草堂善淸)

25. 생사의 갈림길에서도 도를 바탕 삼다 ··· 195
   산당도진(山堂道震)

26. 깨닫고 교화하는 일은 혼자만으로는 될 수 없다 ··· 201
   묘희종고(妙喜宗杲)

27. 시초에서 조심하여 재앙에 대비하다 ··· 214
   수좌 음(音) 스님

28. 적시에 폐단을 고쳐 종풍을 간직하다 ··· 219
   만암도안(萬庵道顔)

29. 도를 간직하고 뜻대로 살다 ··· 230
   소각대변(昭覺大辯)

30. 납자는 총림을 보호하고 총림은 도덕을 보호한다 ··· 234
   불지단유(佛智端裕)

31. 한 끼 먹고 눕지 않으며 선정을 닦다 ··· 236
   수암단일(水庵端一)

32. 성급하게 제자 지도함을 경계하다 ··· 246
   월당도창(月堂道昌)

33. 교외별전을 해설하는 폐단을 경계하다 ··· 252
   심문운분(心聞雲賁)

34. 큰 도는 어리석음도 지혜로움도 없다 ··· 258
   졸암덕광(拙庵德光)

35. 티끌 세속에서 불사를 짓다 ··· 268
　　밀암함걸(密庵咸傑)

36. 근본을 체득하여 지말을 바르게 하다 ··· 273
　　자득혜휘(自得慧輝)

37. 선지식의 요점은 사람을 알아보는 데 있다 ··· 276
　　혹암사체(或庵師體)

38. 안을 다스려 밖을 대하다 ··· 284
　　할당혜원(瞎堂慧遠)

39. 미물까지 덮는 자비를 베풀다 ··· 287
　　간당행기(簡堂行機)

40. 조계의 정통을 다시 일으켜 주기를 간청하다 ··· 305
　　자수회심(慈受懷深)

41. 비방과 참소를 잘 분별해야 한다 ··· 307
　　영지원조(靈芝元照)

42. 선과 교에서 모두 무상(無上)의 도를 말하다 ··· 312
　　뇌암도추(懶庵道樞)

선림보훈(禪林寶訓) 서(序)

　『선림보훈(禪林寶訓)』은 예전에 묘희대혜(妙喜大慧, 1089~1163) 스님과 죽암사규(竹菴士珪, 1082~1146) 스님이 강서(江西) 땅 운문사(雲門寺)에서 토굴을 짓고 살 때 함께 편집한 것이다. 나는 순희(淳熙, 1174~1189) 연간에 행각하면서 운거산(雲居山)에 갔다가 조안(祖安)[1] 노스님에게서 얻었는데, 안타깝게도 세월이 오래된 탓에 좀이 슬어 처음과 끝이 완전하지 못하였다.

　그 뒤 어록(語錄)이나 전기(傳記)에서 눈에 띄는 대로 10년을 모았더니 거의 50여 편이 되었다. 그리하여 황룡혜남(黃龍惠南, 1002~1069) 스님에서 불조졸암(佛照拙庵, 1121~1203)과 간당행기(簡堂行機, 1113~1180) 스님에 이르기까지 모든 큰스님들이 남긴 말씀을 모아 300편으로 정리하여 분류하였다. 다만 구한 순서만 있을 뿐 시대순으로 편집하지는 않았다.

　대체의 내용은 납자들이 권세와 이익을 구하거나 나와 남을 구별하는 마음[人我見]을 깎아내고 도덕과 인의(仁義)로 나아가게 하는 것들이었다. 그 문체는 여유롭고 평이하여 궤변이나 현실과 동떨어진 투가 없어서 실로 입도(入道)를 돕는 원대한 법문이라 할 만하였다.

경판에 새겨 널리 퍼뜨리려면 반드시 한 번 보고 마음으로 인정하는 도반이 있어야 할 것이다. 그렇게만 된다면, 내 비록 언덕이나 골짜기에서 늙어 죽는다 해도 뜻[志]과 바람[願]이 만족되리라.

동오(東吳)[2] 지방 사문(沙門) 정선(淨善)이 쓰다.

주:

1 주석서에서는 조암(祖菴) 또는 조암(祖莽)이라고 표시하기도 하였다. 황룡혜남(黃龍慧南, 1002~1069)의 손제자인 청원유신(靑原惟信)의 제자로 알려져 있다.
2 현재의 강소성(江蘇省) 소주시(蘇州市).

선림보훈 상

01

도보다 높고 덕보다 아름다운 것은 없다

명교설숭(明敎契嵩, 1007~1072)[1]

1

도보다 높고 덕보다 아름다운 것은 없다. 도덕이 간직되었다면 보통 사람이라 해도 곤궁하지 않으며, 도덕이 없다면 천하에 왕 노릇을 한다 해도 되는 일이 없다. 백이(伯夷)와 숙제(叔齊)[2]는 절개를 지키느라 굶어 죽은 옛날 사람이지만 지금 사람들까지도 자기를 그에게 비교하여 주면 모두가 기뻐한다. 한편 걸(桀)·주(紂)·유(幽)·여(厲)[3]는 옛날의 임금이었으나 지금도 사람들은 자기를 그에게 비교하면 모두가 화를 낸다. 그러므로 이 때문에 납자는 도덕이 자신에게 충만하지 못한 것을 근심할지언정, 세력과 지위가 없음을 근심하지 말아야 한다.[4] 『심진집(鐔津集)』[5]

2

부처 되는 공부는 하루아침에 완전해지지 않는다. 낮으로 부족하면 밤까지 이어가며 오랜 세월이 지나야 자연스럽게 성취된다. 그 때문에 "배움으로써 뭇 이치를 모으고 질문으로 그것을 분별해야 한다."[6]고 하였으니, 이 말은 공부를 할 때 질문과 변론이 아니면 이치를 알아낼 수 없다는 뜻이다.

요즈음 납자들 중에는 어딜 가나 다른 사람에게 한마디 질문이나 변론을 꺼내는 사람이 드물다. 이들은 무엇으로 성품자리를 도와 날로 새로워지는 공부를 하려는지 모르겠다. 『구봉집(九峰集)』[7]

3

태사공(太史公, 사마천)은 『맹자(孟子)』를 읽다가, 양혜왕(梁惠王)이 "어떻게 하면 내 나라를 이롭게 할 수 있을까요?"[8] 하고 묻는 대목에 이르자, 자기도 모르는 사이에 책을 덮어버리고 길게 탄식하며 이렇게 말하였다.

"슬프다. 이익이란 실로 혼란의 시초이다. 때문에 공부자(孔夫子)께서도 이익에 대해서는 드물게 말씀하셨는데, 이는 항상 그 근원을 막고자 함이었다."[9]

근원이란 시초이다. 귀천을 막론하고 이익을 좋아하는 폐단은 다를 수 없다. 공직자가 이익을 챙기느라 공정하지 못하면 법이 문란해지고, 보통 사람이 속임수로 이익을 취한다면 일이 혼란해진다. 일이 혼란해지면 사람들이 다투어 화평하지 못하고, 법이 문란해지면 대중이 원망하여 복종하지 않는다. 그리하여 서로가 뒤틀려 싸우며 죽음도 돌아보지 않는 일이 이로부터 비롯하니, "이익은 실로 혼란의 시초이다."라고 한 경우가 아니겠는가.

　게다가 성현께서 이익을 버리고 인의(仁義)를 무엇보다도 존중해야 한다고 깊이 주의를 주기까지 하셨는데도 후세에는 이익을 걸고 서로를 속이며 풍속을 해치고 가르침을 상하게 했던 자들이 한없이 많았다. 더구나 이익 취하는 방법을 공공연히 벌여놓고 자행하면서 세상 풍속을 올바르게 하여 야박하지 않게 하려 하나, 될 법이나 하겠는가. 『심진집(鐔津集)』

4

　일반적으로 사람들이 저지르는 악에는 드러나는 것도 있고 드러나지 않는 것도 있다. 드러나지 않는 악은 사람을 해치며, 드러난 악은 사람을 죽인다. 사람을 죽이는 악은 작고, 사람을 해치는 악은 크다. 그러므로 잔치하는 가운데도 독주[鴆毒]가 있고 담소하는 중에도 창[戈]이 숨겨져 있으며, 안방구석에도 호랑이와 표범이 있고 길거리에는 첩자가 있다. 스스로가 마음속에 악이 싹트기도 전에 끊어 버리는 성현이 아닌 다음에야 예의와 법도로써 미리 막아야 하니, 이렇게 하지 않으면 그 해로움이 얼마나 크겠는가.[10] 『서호광기(西湖廣記)』

5

　대각회연(大覺懷璉, 1010~1090) 스님이 육왕산(育王山)에 머무르고 있을 때였다. 두 스님이 시주물 때문에 다툼이 그치지 않는데도 주사(主事)[11]가 결단을 내리지 못하는 것을 보고, 스님이 불러서 오라 하고는 그들을 꾸짖었다.

　"옛날에 포공(包公)이 개봉(開封)[12] 지방의 판관(判官)으로 있을 때, 그 동네 어떤 사람이 와서 '백금(白金) 백 냥을 저에게 맡겨둔 사람이 있었는데 죽어 버렸습니다. 지금 그 집안에 되돌려 주었으나 그 아들이 받질 않으니, 공께서는 그 아들을 불러 되돌려 주십시오.' 하였다. 공은 기특하다고 칭찬하며 즉시 그의 아들을 불러 말하자, 그는 사양하며 '돌아가신 아버님께서는 백금을 개인적으로 다른 사람의 집에 맡겨둔 일이 없습니다.'라고 말하였다. 두 사람이 굳이 사양하자, 공께서는 부득이 성내에 있는 사찰에 부탁하여, 죽은 사람의 명복을 빌어 천도하라 하였다.

　나는 그 일을 직접 눈으로 보았다. 번뇌 속에 사는 속인도 재물을 멀리하고 의로움 사모하기를 그토록 하는데, 너희들은 부처님의 제자임에도 불구하고 어찌 이다지도 염치를 모르는가."

　그러고는 결국 총림의 법규에 따라 쫓아내 버렸다. 『서호광기(西湖廣記)』

주:

1. 명교설숭(明教契嵩) : 운문종. 동산효총(洞山曉聰, ?~1030) 스님의 법을 이었으며, 청원의 17세 법손이다. 세간에 나온 책은 보지 않은 것이 없으며, 『원교론(原教論)』을 지어 유교와 불교를 하나로 통하게 하여 한유(韓愈, 768~824)의 배불설(排佛說)에 대항하였다. 항주(抗州) 불일사(佛日寺)에 머물렀다.
2. 백이(伯夷)와 숙제(叔齊)에 관한 이야기는 『사기』의 열전에 나온다. 상나라 말기의 형제로, 서쪽 변방에 살았으며 변방의 작은 영지인 고죽군의 후계자였다. 고죽군의 영주인 아버지가 죽자, 이 둘은 서로에게 자리를 양보하며 끝까지 영주의 자리에 나서지 않았다. 훗날 서주 문왕이 상나라를 토벌하고 주나라의 무왕이 되었을 때에도 끝까지 두 임금을 섬기지 않고 충절을 지킨 의인들을 가리키는 표현이 되었다.
3. 중국 고대 하나라의 걸왕, 은나라의 주왕, 주나라의 유왕과 여왕을 가리키는데 대표적인 폭군으로 유명하다. 『묵자(墨子)』의 「천지지(天地志)」에는 "하늘의 뜻을 따르는 자는 모두를 서로 사랑하고 서로 이득을 주어서 반드시 상을 받게 되고, 뜻을 거스르는 자는 각자 서로를 미워하고 서로 해를 끼쳐서 반드시 벌을 받게 된다."고 하면서 걸왕, 주왕, 유왕, 여왕이 바로 하늘의 뜻을 거역한 자들이어서 벌을 받은 사람이라고 평가한다.
4. 『심진문집(鐔津文集)』 권7 「도덕(道德)」(T52-680c).
5. 『심진문집(鐔津文集)』 : 명교대사(明教大師) 설숭(契嵩)이 지은 문집. 설숭이 호남성(湖南省) 심진에서 태어났다 하여 책이름을 '심진'으로 하였다.
6. "學以聚之(학이취지) 問以辨之(문이변지)" 『주역(周易)』「건괘(乾卦)」 92. 흔히 '학문'이라는 말의 유래가 이 문장이라고 한다.
7. 북송의 구봉감소(九峰鑒韶)의 문집이 아닐까 하는 추측만 있을 뿐 어떤 문헌인지 분명하지 않다.

8 『맹자집주(孟子集注)』 권1, 「양혜왕장구(梁惠王章句)」 상(上) 제1장. "맹자께서 양나라 혜왕을 뵈었더니, 혜왕이 말하길 '장로께서 천 리를 멀다 않고 오셨으니, 장차 내 나라를 이롭게 함이 있겠습니까?' 하고 물으니, 맹자가 대답하길, '왕께서는 어찌 구태여 이(利)를 말씀하십니까? 오직 인(仁)과 의(義)가 있을 따름입니다.'"

9 『사기(史記)』 「열전(列傳)」 14 '맹자(孟子)·순경(荀卿)' "내가 일찍이 『맹자(孟子)』를 읽을 때마다 양혜왕(梁惠王)이 '어떻게 하면 우리나라를 이롭게 할 수 있겠습니까?'라고 질문한 대목에 이르러 책을 덮고 탄식하지 않은 적이 없었다. '아! 이로움이란 진실로 어지러운 것의 시작이구나! 무릇 공자(孔子)가 이로움에 대해 드물게 말한 것은 항상 그 근원을 막기 위함이었다. 그런 까닭에 이로운 것에 따라 행동하면 남의 원망을 많이 받는다고 하였다. 천자(天子)로부터 서민에 이르기까지 사람들이 이로움을 좋아해서 생긴 병폐가 어찌 다르다고 하겠는가?'"

10 『심진문집(鐔津文集)』 권6 「선악(善惡)」(T52-676c).

11 선원에서 감원(監院, 선원 주지를 보좌하여 서무 일체를 맡은 소임)·유나(維那, 선원 대중의 감독 소임)·전좌(典座, 선원 생활품을 담당한 소임)·직세(直歲, 사찰의 건물과 토지 등을 관리하는 소임)의 네 지사(知事)를 주사라고 하는데 여기에서는 맥락상 대중을 감독하는 '유나'를 가리킨다.

12 현재의 하남성(河南省) 개봉시(開封市) 개봉현(開封縣).

02

명예를 피하여 절개를 지키다

원통거눌(圓通居訥, 1009~1071)[1]

1

대각회연(大覺懷璉, 1010~1090) 스님이 과거 여산(廬山)에 갔을 때 원통거눌(圓通居訥) 스님이 한 번 보고 바로 대기(大器)라고 확신하였다. 어떤 사람이, "어떻게 그런 줄을 아셨습니까?" 하고 묻자, 거눌스님은 말하였다.

"이 스님은 마음이 정대(正大)하여 치우치지 않고 모든 행동이 고상합니다. 더욱이 도학(道學)을 이루어 의로움을 실천하며, 말은 간단하나 이치를 극진히 하니, 일반적으로 타고난 품격이 그러하고도 그릇을 이루지 않는 이는 드뭅니다."『구봉집(九峰集)』

2

인조(仁祖)[2] 황우(皇祐) 초년(1049)에 조정에서 환관을 파견하고 비단에 조서를 적어서 거눌스님을 큰 절인 효자사(孝慈寺)에 머무르도록 청하였다. 거눌스님은 병을 핑계로 일어나지 않고 소문(疏文)을 올려 대각회연 스님을 추천하는 것으로 조정의 부름에 응하였다.

어떤 사람이 말하였다.

"성스러운 천자께서 도덕을 높이 드러내시어, 그 은혜가 샘물이나 돌에게까지도 미쳤습니다. 스님은 무엇 때문에 사양하시는지요?"

스님은 이렇게 대답하였다.

"나는 외람되게도 승려의 무리에 끼어들긴 하였으나 보고 듣는 것이 총명하지 못합니다. 그런데도 요행히 숲 속에 안주하여 거친 밥을 먹고 흐르는 물을 마시며 살아갑니다. 비록 불조(佛祖)의 경지라 해도 하지 않으신 일이 있는데 그러하지 못한 사람이야 말해 무엇 하겠습니까. 선철(先哲)도 '이름난 큰 인물 아래에서는 오래 있기 어렵다.'[3]고 하셨으니 나는 평생을 자족할 줄 아는 뜻을 실천할 뿐, 명성과 이익으로 자신을 얽어매지는 않겠습니다. 마음이 넉넉하다면 언제인들 만족스럽지 않겠습니까."

그러므로 동파(東坡)[4]도 언젠가 말하기를, "편안한 줄 알면 영화롭고, 만족한 줄 알면 부자다."라고 하였다. 원통스님은 명예를 피하여 절개를 지키고, 훌륭하게 시작하여 훌륭하게 마치는 일을 체득했다 하겠다. 『행실(行實)』

3

다리를 저는 사람의 생명은 지팡이에 있으니 지팡이를 잃으면 넘어지고, 물을 건너는 사람의 운명은 배에 있으므로 배를 잃으면 익사한다. 대개 스스로 도를 지키지 않고 외부의 세력을 믿고 이를 대단하게 여기는 수행자는 하루아침에 그가 기대고 있던 배경을 잃으면 모두가 넘어지고 빠져죽는 난리를 면치 못한다. 『여산야록(廬山野錄)』

4

옛날 백장대지(百丈大智, 720~814) 스님께서는 총림(叢林)을 세우고 법도를 정하셨다. 이는 상법(像法)과 말법(末法)시대의 바르지 못한 폐단을 고쳐 보고자 했을 뿐, 상법과 말법시대의 납자가 법도를 도적질하여 백장의 총림을 무너뜨릴 줄은 몰랐던 것이다.

아주 옛날에는 스님들이 둥우리나 바위굴에 살면서도 사람마다 스스로를 다스렸다. 그러다가 대지스님 후로는 높고 널찍한 집에 살면서도 사람마다 스스로를 피폐시켰다. 그러므로 "안위(安危)는 덕에 달렸으며, 흥망은 운수에 달렸다."고 한 것이다.

실로 받들어 행할 만한 덕이 있다면 무엇 때문에 총림이 필요하겠으며, 기댈 만한 운수가 있다면 무엇 때문에 법도를 사용하겠는가? 『야록(野錄)』

5

원통스님이 대각스님에게 말하였다.

"옛 성인은 싹트기 전에 마음을 다스렸고, 혼란해지기 전에 미혹한 마음[情念]을 막았으니, 미리 대비하면 뒤탈이 없기 때문입니다. 또한 이중으로 문을 잠그고 목탁을 치면서 도둑에 대비하였는데, 이는 『주역(周易)』의 예괘(豫卦)에서 원리를 취한 것입니다.[5] 일은 미리 하면 쉽고 갑자기 하면 어렵습니다. 훌륭한 분[賢哲]들에게 평생의 근심은 있었을지언정 하루아침의 근심이 없었던 이유가 실로 여기에 있었던 것입니다." 『구봉집(九峰集)』

주 :

1 원통거눌(圓通居訥) : 운문종. 연경자영(延慶子榮) 스님의 법을 이었으며, 청원의 10세 법손이다. 11세에 출가하여 17세에 『법화경(法華經)』을 읽고 득도한 후 여러 지방을 다니며 참학하였다. 후에 원통사(圓通寺)에 머물렀다.
2 북송의 제4대 황제 인종(仁宗, 1010~1063, 재위 1022~1063).
3 "大名之下(대명지하) 難以久居(난이구거)" 『사기(史記)』 「월왕구천세가(越王勾踐世家)」. 월나라의 왕 구천을 도와 오나라를 멸망시키는 공을 세운 후에 떠난 범려(范蠡)가 한 말.
4 당송(唐宋) 8대가의 한 사람인 소동파(蘇東坡, 1036~1101).
5 『주역(周易)』 「계사(繫辭)」 하전(下傳) 제2장.

03

말세 학인은 안위를 살펴야 한다

대각회연(大覺懷璉, 1010~1090)[1]

1

옥도 다듬지 않으면 그릇이 되지 않듯, 사람도 배우지 않으면 도를 모른다.[2] 현재로 옛날을 알 수 있으며 후세로 선대를 알 수 있듯,[3] 착한 자를 보고는 본받을 만하고 악한 자를 보고는 자기의 악을 조심할 만하다. 당세에 입신양명(立身揚名)했던 선배들을 차례로 관찰해 보았더니, 배우지 않고 도를 완성했던 자가 드물었다.『구봉집(九峰集)』

2

묘도(妙道)의 이치는 성인께서 일찍이『주역(周易)』에 밝혀 놓았다. 주(周)나라가 기울자 선왕(先王)의 도는 무너지고 예법은 없어졌다. 그런 뒤에 궤변과 술수가 더러 튀어나와 세상을 혼란시키다가 우리 부처님의 가르침이 중국으로 들어온 후 으뜸가는 진리[第一義

諦]가 사람들에게 소개되었다. 그리하여 처음부터 끝까지 자비를 베풀어 중생들을 교화시켰는데, 그것은 시대의 요청에 따랐기 때문이다.

백성들이 태어난 뒤로 순박함이 흩어지지 않았을 때는 삼황(三皇)의 가르침이 간단하면서도 소박하였으니, 절기로 치자면 봄에 해당한다. 마음 구멍이 날로 뚫리자 오제(五帝)의 가르침은 좀 더 자세하게 형식을 갖추게 되었는데, 이는 여름에 해당한다. 시대와 세상이 달라짐에 따라 마음도 날로 변해 가서 삼왕(三王)의 가르침이 조밀하고도 엄격해졌는데, 이는 가을에 해당한다. 옛날 상(商)·주(周) 때 행해졌던 『서경(書經)』의 일깨워주고[誥] 맹세하는[誓] 글들4을 이제 배우는 뒷사람들은 깨우치지 못하니, 듣기만 해도 어기지 않았던 당시 사람들에게 비교한다면 그때와 지금의 풍속 차이가 어떠하겠는가. 폐단으로 말하자면 진(秦)·한(漢) 시대에 와서는 이르지 않는 곳이 없었다. 그리하여 천하에 차마 눈뜨고 봐줄 수 없을 정도의 일까지 있게 되었다. 이때 우리 부처님의 가르침은 한결같이 마음[性命] 도리를 추구하게 하셨으니 이는 겨울에 해당한다.

하늘에는 사철[四時]이 있어 순환하면서 만물을 낳고 성인께서는 가르침을 베풀어 그것이 서로 부지(扶持)하면서 천하를 교화해 완성해 가니, 모두가 이런 이치에서다. 그러나 그 끝에 가서는 모두가 폐단이 없을 수 없었다. 폐단이 자취로 남게 됨에 따라 반드시

대대로 성현이 나와서 이를 구제해야 했다. 진·한 시대 이래로 천여 년 동안은 풍속이 점점 야박해지면서 성인의 가르침이 여러 갈래로 정립(鼎立)하자, 서로가 헐뜯어서 대도(大道)는 쓸쓸하게도 근원으로 되돌아갈 수가 없게 되었으니 실로 한탄스러운 일이다.[5] 『시랑 손신노[6]에게 답한 글[答侍郞孫莘老書]』

3

한 곳의 주지(住持)로서 체득한 도를 실천하여 남을 이롭게 하고자 한다면, 우선 사욕을 극복하고 상대에게 은혜를 베풀며, 모든 일에 겸손한 마음을 가져야 한다. 그런 뒤에 비단이나 금 등의 값진 물건을 썩은 흙처럼 본다면 사부대중이 존경하며 귀의할 것이다. 『구선 후 스님에게 주는 글[與九仙詡和尙書]』

4

선배 중에 자질은 총명하였으나 안위(安危)를 염려하지 않았던 이들이 있었으니, 석문사(石門寺) 온총(蘊聰, 965~1032)[7] 스님이나 서현사(棲賢寺) 효순(曉舜, 1009~1090)[8] 스님과 같은 경우를 경계해야 한다.

그렇다면 사람이 나면서부터 정해진 업(業)은 실로 분명하게 알기는 어렵다 하겠으나, 그 근원을 자세히 살펴본다면 소홀하고 태만하여 사려 깊지 않았던 데서 생긴 허물이라는 것을 알 수 있지 않겠는가. 그러므로 "재앙은 깊은[隱微] 곳에 간직되어 있다가 사람이 소홀하게 하는 곳에서 튀어나온다."고 하였다. 이런 점으로 보아 더욱 조심하고 두려워해야 한다.『구봉집(九峰集)』

주:

1   대각회연(大覺懷璉) : 운문종. 늑담회징(泐潭懷澄) 스님의 법을 이었으며, 청원의 14세손이다. 주로 명주(明州) 육왕산(育王山)에 머물렀다.
2   "玉不琢不成器(옥불탁불성기) 人不學不知道(인불학부지도)"『예기(禮記)』「학기편(學記篇)」.
3   "今之所以知古(금지소이지고) 後之所以知先(후지소이지선)" 한유(韓愈, 768~824)가 당(唐) 순종(順宗)에게 올린 표장(表狀)에 있는 말.
4   『서경(書經)』 즉『상서(尙書)』의 편(篇) 이름. '고(誥)'에는 '탕고(湯誥)', '대고(大誥)', '강고(康誥)' 등이 있으며, '서(誓)'에는 '감서(甘誓)', '탕서(湯誓)', '태서(泰誓)' 등이 있다. 이외에도 '전(典)', '모(謨)', '훈(訓)', '명(命)'의 형식이 있으며 모두 100편으로 되어 있다.

5 『선림승보전(禪林僧寶傳)』 권18(X79-528bc) ; 『임간록(林間錄)』 권1(X87-257bc).
6 신노(莘老)는 자(字)이고 이름은 손각(孫覺, 1028~1090)이다. 왕안석(王安石, 1021~1086)과 교유하였다. 대각회연 스님의 제자이다.
7 석문온총(石門蘊聰) : 양주(襄州) 곡은산(谷隱山) 석문사(石門寺)의 스님. 수산성념(首山省念) 스님의 법을 이었으며, 남악(南嶽)의 9세 법손이다. 법을 얻은 후 석문사에서 살았다. 하루는 양주 태수가 개인적 감정으로 때리며 욕을 보였다. 되돌아오는 길에 여러 스님들이 길가에서 영접하였는데, 수좌가 급히 앞으로 나아가면서 "태수가 무고하게 스님을 욕보이셨습니다." 하고 말하자, 스님이 손으로 땅을 가리키며 "평지에 뼈 무더기가 일어나리라." 하고 말했다. 그러자 손을 따라 뼈 무더기가 하나 솟아올랐다. 태수가 듣고 사람을 시켜 치우라 하였더니, 다시 솟아나 처음과 같이 되면서 태수의 온 집안이 양주에서 죽었다.
8 효순노부(曉舜老夫) : 운문종. 동산효총(洞山曉聰) 스님의 법을 이었으며, 청원의 10세 법손이다. 여산의 서현사(棲賢寺)에 머물렀다. 괴도관(槐都官)이 남강을 수비하면서 글씨를 탐함이 심했으나 효순스님은 상주물(常住物)이라 주지 않았다. 이로 인하여 다른 사람의 참소를 입어 환속을 당하였다. 후에 인종(仁宗) 황제가 직접 효순(曉舜)이라는 호를 하사하면서 다시 스님이 되어 서현사에 살게 하였다.

04

늙고 가난할수록
뜻을 굳게 가져야 한다

효순노부(曉舜老夫, 1009~1090)

●

1

운거산(雲居山) 효순(曉舜)스님의 자(字)는 노부(老夫)이다. 여산(廬山) 서현사(棲賢寺)에 살 때, 군수(郡守) 괴도관(槐都官)에게 사사로운 노여움을 사 뜻밖의 일을 당하게 되었다. 이에 환속을 당하여 속인의 옷을 입고 서울로 가 대각(大覺)스님을 방문하려 하였는데, 산양(山陽)[1]에 이르러 눈으로 길이 막히자 여인숙에서 묵게 되었다.

하루는 저녁에 어떤 길손이 종 둘을 데리고 눈을 헤치며 왔는데, 노부(老夫)스님을 보더니 마치 오랜 친구처럼 대하였다. 이윽고 옷을 갈아입고 앞에서 절을 하므로 노부스님이 누구냐고 묻자, 길손은 대답하였다.

"옛날 동산(洞山)에 있을 때 스님을 따라 짐을 지고 한양(漢陽)에 갔을 때, 종을 지휘한 송영(宋榮)입니다."

스님이 지난 일을 이야기해 주었더니 송영은 길게 탄식하였다.

첫 새벽에 밥을 준비하고 백금(白金) 다섯 냥을 주더니 이어서 종 하나를 불러 놓고 말하였다.

"이 아이는 서울을 여러 차례 갔다 왔으므로 험한 길을 자세하게 알고 있으니 스님께서는 가시는 길을 염려하실 것 없습니다."

덕분에 스님은 서울에 갈 수가 있었다. 이로 미루어 본다면 그 두 사람은 평소에 간직한 도가 있었다는 사실을 잘 알 수 있다. 『구봉집(九峰集)』

2

대각스님이 말하였다.

"효순노부(曉舜老夫) 스님은 천성이 대범하고 강직해서 저울질하여 재산 불리는 일 따위는 알지 못하였다. 매일 일정한 일과를 정해 놓고 조금도 어김이 없었으며, 등불을 켜고 청소하는 일까지도 모두 몸소 하였다.

한번은 이렇게 탄식하였다.

'하루 일하지 않으면 하루 먹지 말라는 옛사람의 훈계가 있으셨거늘 도대체 나는 어떤 사람인가?'

늙어갈수록 그 뜻은 더욱 굳세지니, 어떤 사람이 '왜 시자들을 시키지 않습니까?' 하고 물었다.

스님의 대답은 '추운 날 더운 날에 그저 지내는 것도 편안치 않을 테니, 그들을 수고롭게 하고 싶진 않다.'는 것이었다." 『탄연암집(坦

然庵集)』

3

우리 불도를 전수하고 지키는 데는 진실한 모든 것을 귀하게 여긴다. 삿됨과 바름을 구별하고 망정(妄情)을 제거하는 것이 마음을 다스리는 요점이며, 인과(因果)를 식별하고 죄와 복을 밝히는 것이 꾸준히 도를 실천하는 요점이다. 또한 도덕을 넓히고 사방에서 오는 사람을 맞이하는 것이 주지(住持)의 요점이고, 재능을 헤아려 일을 맡기는 것은 사람을 쓰는 요점이며, 말과 행동을 살펴 가부를 판정하는 것은 훌륭한 사람을 구하는 요점이다.

알맹이는 간직하지 않은 채 헛된 명예만을 자랑한다면 진리에는 이익이 없다. 그러므로 사람이라면 지조와 실천에 있어서 반드시 성실해야 한다. 이를 굳게 지켜 변함이 없다면 평탄과 험난이 하나가 될 수 있다. 『탄연암집(坦然庵集)』

4

효순노부 스님이 부산(浮山)의 법원녹공(法遠錄公, 991~1067) 스님에게 말하였다.

"위없는 오묘한 도를 탐구하려면 곤궁할수록 뜻을 더욱 굳게 먹고 늙을수록 기상을 더욱 씩씩하게 가져야 합니다. 세속을 따라 구차하게 명리(名利)를 훔치느라 지극한 덕을 스스로 잃어서는 안 될 것입니다. 옥의 귀한 특성은 깨끗한 빛깔에 있으므로 다른 색 때문에 자기 색을 잃지 않으며, 소나무는 엄동설한에도 변함이 없으므로 눈과 서리도 그 지조를 시들게 하지 못합니다. 이로써 알 수 있는 것은 절개와 의리가 천하에서 가장 중요하다는 점입니다.

 공정한 목표만 받들 만한 것이니 스스로 노력하지 않으면 안 될 것입니다. 옛사람도 '여유로운 새는 홀로 훨훨 날아 외로운 바람을 탈 뿐 떼를 짓지 않는다.'[2]고 하였는데, 지당한 말씀입니다." 『광록(廣錄)』

주:

1 현재의 하남성(河南省) 초작시(焦作市) 산양구(山陽區).
2 "逸翮獨翔(일핵독상) 孤風絕侶(고풍절려)." 『문선(文選)』 권60, 왕승달(王僧達)의 「제안광록문(祭顔光祿文)」.

05

대중을 받드는 요점을 말하다

법원녹공(法遠錄公, 991~1067)[1]

1

옛사람은 스승을 가까이 모시고 벗을 골라 사귀며 밤낮으로 감히 게으르지 않았으니, 부엌에서 밥 짓고 절구질하며 남몰래 천한 일을 하는 고생까지도 꺼려하지 않았다. 나도 섭현귀성(葉縣歸省)[2] 스님에게 있으면서 이런저런 일들을 다 해본 적이 있는데, 한 번이라도 이해관계를 따지고 잘잘못을 비교하는 마음이 있었더라면 정법을 어기느냐 따지느냐를 구차하게 대충 넘어가면서 못할 짓이 없었을 것이다. 우선 자기 처신이 바르지 않다면 어떻게 도를 배울 수 있겠는가. 『악 시자에게 주는 법어[岳侍者法語]』

2

천지만물은 모두 쉽게 태어난다. 그러나 가령 하루를 따뜻하게 해주고 열흘을 차갑게 한다면 살아날 수 있는 생물은 없을 것이다.

위없는 오묘한 도는 밝고 밝아 아주 가까이 있으므로 보기 어렵지 않다. 요컨대 뜻을 굳게 세우고 힘써 실천한다면 그 자리에서 완성을 기대해 볼 만하다. 그러나 혹 하루 믿다가 열흘 의심하며, 아침에는 부지런을 떨다가 저녁에는 꺼려한다면 어찌 유독 눈앞의 것만 보기 어렵겠는가. 목숨이 끝날 때까지 도를 등질까 염려스럽다. 『운 수좌에게 주는 글[雲首座書]』

3

주지(住持)하는 요령에는 취사(取捨)를 살핌보다 우선하는 것은 없다. 해야 할 것인가 말아야 할 것인가를 판단함은 마음속에서 결정되고, 안위(安危)의 싹은 바깥 환경에서 판정된다. 그러나 편안함이나 위태로움이 하루아침에 그렇게 되는 것이 아니라 모두가 점진적으로 쌓여서 되는 것이므로 반드시 살펴야 한다.

도덕과 예의로 주지를 하면 도덕과 예의가 쌓이고, 각박함으로 주지를 하면 원한이 쌓인다. 원한이 쌓이면 권속과 사부대중이 등지고 떠나며, 예의와 도덕이 쌓이면 안팎이 기뻐하며 감복한다. 그러므로 도덕과 예의가 대중에게 두루 미치면 권속과 사부대중이 기뻐하고, 각박함과 원한이 극에 이르면 안팎이 슬퍼하니 슬픔과 기쁨에 따라 재앙과 복이 내려진다. 『정인도진[3] 스님에게 주는 글[與淨因臻和尙書]』

4

주지하는 데는 세 가지 요령이 있으니, 어짊[仁]·총명함[明]·용기[勇]이다.

어진 자는 도덕을 행하여 교화를 일으키고 상하를 편안하게 하여 오가는 사람들을 기쁘게 한다. 총명한 사람은 예의를 지키고 안위(安危)를 식별하며 훌륭한 자와 어리석은 자를 살피고 시비를 분별한다. 용기 있는 사람은 과단성 있게 일을 처리하고, 결단했으면 의심치 않으며, 간사한 이를 제거하고 말만 잘하는 이를 반드시 멀리한다.

어질기만 하고 총명하지 못하면 마치 밭이 있어도 갈지 않는 것과 같고, 총명하기만 하고 용기가 없으면 싹은 자랐으나 김을 매주지 않는 것과 같다. 또한 용기만 있고 어질지 못하면 거둬들이는 것만 알 뿐 파종할 줄은 모르는 것과 같다.

이 세 가지를 다 갖추면 총림이 일어나고 하나가 모자라면 기울 것이며, 두 가지가 부족하면 위태롭고, 셋 중에 하나도 없으면 주지의 도는 폐지될 것이다. 『정인도진 스님에게 주는 글[與淨因臻和尙書]』

5

지혜로움과 어리석음, 훌륭함과 불초함은 마치 물과 불이 한 그릇에 섞이지 못하며 추위와 더위가 동시일 수 없는 것과도 같으니, 이는 대체로 타고난 분수가 그러하기 때문이다.

훌륭하고 지혜로운 인재는 순수하고 아름다우며 단정하고 도타워 도덕과 인의만을 생각한다. 그리하여 모든 언행에서 혹 대중의 뜻에 부합되지 못할까, 또는 사물의 이치를 깨닫지 못할까를 염려할 뿐이다. 한편 불초한 사람은 간사·음험·속임수·아첨으로 자기를 뽐내고 능력을 과시하며, 오욕에 빠져 이익에 구차하면서 아무것도 되돌아볼 줄 모른다.

그러므로 선림(禪林)에서 훌륭한 사람을 얻으면 도덕이 닦이고 기강이 확립되어 마침내 법석(法席)을 이루지만, 그 사이에 하나라도 불초한 자가 끼어들어 대중들을 교란시키면 안팎이 편안하지 못할 것이니, 큰 지혜와 예의법도가 있다 한들 무슨 소용이 있겠는가. 지혜와 어리석음, 훌륭함과 어질지 못함의 우열이 이러하니 어떻게 가리지 않을 수 있겠는가. 『혜력 방[4] 스님에게 주는 글[惠力芳和尙書]』

6

윗사람인 주지는 겸손하게 아랫사람을 이끌어 주며, 일 맡은 아랫사람은 마음을 다해 윗사람을 받들어야 하리니, 위아래가 화목하면 주지의 도가 통한다. 윗사람이 교만하게 높은 체하면 아랫사람은 태만하여 자연히 소원해지리니, 위아래가 마음이 통하지 못하면 주지의 도는 막힌다.

고덕(古德)들은 주지하는 중에 한가하여 일이 없으면 납자들과 유유자적하게 대화를 나누었는데, 모두가 지극한 이치를 다하였다. 그리하여 말 한마디 반 구절까지도 전기에 실려 지금까지도 읽혀진다.

그 까닭은 무엇일까? 첫째는 윗사람의 마음이 아랫사람에게 통하게 하고자 하여 도가 막힘이 없었기 때문이다. 두 번째는 납자들의 재능과 품성이 어떤지를 미리 알아 그들에게 맞게 진퇴시켰기 때문이다. 이러면 자연스럽게 상하가 화목하고도 엄숙해져서 먼 곳 가까운 곳 모두가 존경하니 총림이 잘되는 이유가 여기에 달렸을 뿐이다. 『청 화엄[5]에게 주는 글[與青華嚴書]』

7

법원스님이 도오산(道吾山) 오진(悟眞)스님[6]에게 말하였다.

"배움이 아직 도에 이르지 못하였는데도 자기의 견문을 자랑하고 궁극의 도리를 깨달았노라고 과장하면서 말재주를 가지고 잘났다고 떠드는 자는 마치 더러운 변소간에 단청을 바른 것처럼 악취만 더할 뿐이다." 『서호기문(西湖記聞)』

8

법원스님이 수좌 오조법연(五祖法演, ?~1104) 스님에게 말하였다.

"마음은 한 몸의 주인이며 만행의 근본이다. 마음을 오묘하게 깨닫지 못하면 허망한 생각이 스스로 생기고, 허망한 생각이 스스로 생기면 이치를 보아도 분명치 못하며, 이치를 보아도 분명치 못하면 시비가 요란하다. 그러므로 마음을 다스리자면 반드시 오묘한 깨달음을 구해야 한다.

  오묘하게 깨닫고 나면 정신은 여유롭고 혈기는 안정되며, 태도와 용모는 공경스러우면서도 씩씩하여 망상이 모두 녹아서 진심(眞心)이 된다. 이렇게 마음을 다스려 가면 마음은 스스로 영묘(靈妙)해진다. 그런 뒤에 상대방을 인도하고 미혹함을 지적한다면 누구라서 교화되지 않겠는가."『부산실록(浮山實錄)』

주
:

1 법원녹공(法遠錄公) : 임제종. 부산(浮山)의 법원원감(法遠圓鑑) 스님. 섭현귀성(葉縣歸省) 스님의 법을 이었다. 법원스님이 일찍이 도반들과 촉 지방을 돌아다니다가 곤궁한 지경을 당했는데 스님의 지혜로 잘 벗어날 수 있었다. 그 일로 대중들이 관청의 일을 깨우쳤다 하여 녹공(錄公)스님이라 불렀다.
2 섭현귀성(葉縣歸省) : 법원녹공 스님의 스승. 스무살에 출가하여 여러 곳을 다니다가 수산성념(首山省念, 926~993)을 만나 땅 위에 세워놓은 죽비를 보고 깨달았다.
3 정인도진(淨因道臻, 1014~1093) : 부산법원(浮山法遠) 스님의 법을 이었다. 『선림승보전』권26(X79-543ab)에 행장과 일화가 전한다.
4 혜력 방(惠力芳) : 부산법원(浮山法遠, 991~1067) 스님의 법을 이은 위방(謂芳)으로 보인다. 옥천산(玉泉山)에 머물렀다.
5 청 화엄(青 華嚴) : 투자의청(投子義青, 1032~1083)을 가리킨다. 조동종 대양경현(大陽警玄, 943~1027) 스님의 법을 이었다. 『화엄경』을 보다가 "즉심자성(卽心自性)" 구절에서 깨달아 사람들이 '청 화엄'이라고 불렀다. 부산법원(浮山法遠, 991~1067) 스님을 6년 모시고 인가를 받았다.
6 도오오진(道吾悟眞) : 임제종. 석상초원(石霜楚圓, 986~1040) 스님의 법을 이었다. 남악의 11세 법손이다. 호남성 담주 도오산(道吾山) 흥화사(興化寺)에 머물렀다.

06

계행이 청정해야 명성을 얻는다

오조법연(五祖法演, ?~1104)[1]

1

요즈음 총림에서 도를 배우는 인재들이 명성을 드날리지 못하는 이유는 다른 사람들이 믿어주지 않아서가 아니라 계행[梵行]이 청정하지 못하기 때문이다. 사람됨은 진실하고 바르지 못하면서 구차하게도 명예와 시주물을 구하려고 화려한 겉치레만 벌여 놓다가 마침내는 식자(識者)들의 웃음거리가 된다. 그러므로 계행을 덮어 버린 상태라면 부처님이나 조사와 같은 도덕을 가졌다 해도 듣고 보는 사람들이 의심하며 믿어주질 않는다. 그대들이 뒷날 초암(草庵)을 짓고 살거든 이 점을 힘쓰도록 하라. 『불감[2]이 불과[3]에게 주는 글 [佛鑑與佛果書]』

2

노스님이신 방회(方會, 992~1049)스님[4]께서 처음 양기산(楊岐山)에 머무르실 때, 집이 낡아 서까래가 무너져 겨우 비바람을 가릴 정도였다. 그런데다가 마침 늦겨울이라 싸락눈이 침상에 가득하여 편안히 거처하질 못하였다. 납자들이 정성껏 수리하겠다고 하였으나 노스님께서는 물리치며 말씀하셨다.

"우리 부처님께서 말씀하시기를, '감겁(減劫)[5]에는 높은 언덕 깊은 골이 모두 뒤바뀌어 항상하지 않으리라.' 하셨으니, 어떻게 뜻대로 다 만족하기를 바랄 수 있겠느냐. 너희들은 출가하여 도를 배우느라 손발이 편안치 못한 채 이미 사오십의 나이가 되어 버렸다. 어쩌자고 공부는 등한히 하면서 집 짓는 일에 더 신경을 쓰느냐?"

끝내 따르지 않으시고, 다음날 법당에 올라 노래로 말씀하셨다.

내 잠시 머무르는 집 담벽은 헐어
침상 가득 흩뿌려진 진주빛 눈발
움츠러든 목을 하고 가만히 탄식하면서
나무 밑에 살았던 옛사람을 되새기노라.

楊岐乍住屋壁疎(양기사주옥벽소)
滿床盡撒雪珍珠(만상진살설진주)
縮却項(축각항) 暗嗟吁(암차우)
翻憶古人樹下居(번억고인수하거)[6] 『광록(廣錄)』

3

납자는 마음의 성(城)을 지키고 계율을 받들되 밤낮으로 생각하고 실천해야 한다. 어떠한 실천도 사려를 벗어나지 않고, 어떠한 사려도 실천을 넘어서는 안 되니, 시작이 있으면 반드시 끝맺음이 있어야 한다. 이를 농부의 밭두덕처럼 한다면 허물이 적을 것이다.
『탄연집(坦然集)』

4

이른바 총림이란 납자와 선지식이 도를 닦으며 인재를 길러내는 곳으로서 교화가 여기로부터 나온다. 그러나 무리 짓고 모여 산다 해도 통솔하여 다스리는 데에는 각각 자기 스승을 계승해 왔다. 그런데 요즈음 몇몇 총림에서는 옛 성인의 법도를 지키는 데는 힘쓰지 않고, 좋고 싫은 치우친 감정으로 대부분 주관적인 척도를 가지고 상대를 뜯어고치려 하니, 후배들에게 무엇을 본받게 하려는가.
『탄연집(坦然集)』

5

중생을 이롭게 하고 도를 전수하는 데는 적임자를 얻도록 힘써야 한다. 그러나 사람을 알아보기란 성현도 어렵게 여겼던 일이다. 말만 듣고는 행실을 보증하지 못하며, 행동만 구한다면 재능을 빠뜨릴까 염려스럽다.

그러므로 본래부터 사귀어 상대방의 모든 것을 자세하게 아는 사이가 아니라면 그 목표와 실천, 도량과 재능을 잘 관찰해야 한다. 그런 뒤에야 홀로 있을 땐 도를 지켜 간직하고, 일을 할 땐 펼칠 줄 아는 자인 줄 알아볼 수 있다. 또한 명예를 팔고 외모나 꾸미는 자도 그 거짓이 용납되지 않게 되니, 비록 몰래 한다 해도 그 내막을 볼 수 있는 것이다.

자세히 살피고 주의 깊게 듣는 일은 원래 하루아침에 되는 것이 아니다. 그 때문에 남악회양(南嶽懷讓, 677~744) 스님은 육조대감(六祖大鑑, 638~713) 스님을 뵙고 나서도 15년이나 잡일을 했으며,[7] 마조(馬祖, 709~788)스님도 남악스님을 10여 년이나 모셨던 것이다. 옛 성인들이 도를 전수하고 받는 일은 실로 천박한 사람으로서는 감히 할 수 없었다는 사실을 이로써 알 수 있다.

마치 이 그릇의 물을 저 그릇에 쏟아 붓듯 해야 비로소 큰 법을 감당해서 계승할 수 있다. 이를 세속일로 치자면 가문을 감당할 만한 덕 있는 자손을 뽑아 조상의 유풍을 기리고, 농가에서 파종할 때 땅의 상태를 살피는 격이다.

이것이 자세히 살피고 주의 깊게 듣는 이치의 분명한 사례이다. 어떻게 교묘한 말과 좋은 얼굴빛,[8] 편벽된 아첨으로써 선발되었겠는가. 『원오[9]에게 주는 글[圓悟書]』

6

주지(住持)의 요점은 은혜와 덕 두 가지를 겸비하는 데 있으니, 이 가운데 하나만 없어도 안 된다. 은혜롭기만 하고 덕이 없으면 대중이 공경하지 않고, 덕스럽기만 하고 은혜가 없으면 대중이 그리워하질 않는다.

은혜로운 이를 대중이 생각한다는 것을 알고서 여기에 덕을 보충한다면 베푸는 은혜가 상하를 편안하게 하고 사방에서 오는 납자를 이끌어 줄 만하다. 덕 있는 이를 공경할 만하다는 것을 알고 거기에 은혜를 보태면 지닌 덕이 선각(先覺)을 계승하고 어리석은 사람을 지도하기에 충분하다.

그러므로 훌륭한 주지는 은혜를 행함으로써 덕을 기르고 덕을 지님으로써 은혜를 실천한다. 덕스러우면서도 은혜를 기를 수 있으면 굴욕스럽지 않고, 은혜로우면서도 덕을 실천하면 은택(恩澤)이 있다. 그리하여 덕과 은혜가 함께 쌓여 가며 맞물려 시행되는 것이다.

이쯤 되면 굳이 덕을 닦지 않아도 불조와 같은 공경을 받고, 수고롭게 은혜를 베풀지 않아도 대중이 부모 그리워하듯 한다. 그러므로 천하[湖海]의 도를 깨닫고자 하는 수행자라면 누구라서 이런 사람에게 귀의하지 않겠는가? 도덕을 전수하고 교화를 일으키려는 주지라면 이러한 요점에 밝지 못하고서는 될 수가 없을 것이다.

『불안[10]에게 주는 글[與佛眼書]』

7

법연스님이 해회사(海會寺)에서 동산(東山)[11]으로 옮겨가자, 태평불감(太平佛鑑, 1059~1117)[12] 스님과 용문불안(龍門佛眼, 1067~1120)[13] 스님이 산마루에 나아가 살피고 맞이하였다.

법연스님은 나이가 지긋한 주사(主事)[14]들을 모이라 하고 차와 과일을 준비하여 밤에 이야기를 나누었다.

법연스님이 불감스님에게 물었다.

"서주(舒州)[15] 고을은 풍년이 들었느냐?"

"풍년입니다."

"태평주(太平州)[16]도 풍년이냐?"

"그렇습니다."

"그 밖의 다른 농지에서는 벼를 어느 정도 수확하였느냐?"

불감스님이 잠시 생각해 보고 대답하려고 머뭇거리자 법연스님은 정색을 하며 엄한 목소리로 꾸짖었다.

"그대들은 외람되게도 한 절의 소임을 맡고 있다. 그러니 큰 일 작은 일 할 것 없이 모두 마음을 다해야 한다. 그런데 해마다 소용되는 상주물(常住物)을 계획함은 전 대중이 걸린 문제인데도 알지 못하고 있으니 나머지 세세한 일은 말하지 않아도 알 만하다. 산문에서 일 맡은 이라면 인과(因果) 알기를 우리 노스님(양기방회)께서 자명(慈明, 986~1040)[17] 상노스님을 모시듯[18] 해야 할 것이다. 그대들은 상주물이 산처럼 소중하다는 것을 생각하지 못하느냐?"

법연스님은 평소에 말과 행동이 엄격하고 날카로웠다. 그런데 불감스님이 제자의 예(禮)를 깍듯이 한다고 너그럽게 대하였는데도 이 정도였던 것이다.

옛사람도 "스승이 엄해야 배우는 자의 도가 높아진다."[19] 하였다. 동산 문하에 고매한 도와 인격을 지닌 법손들이 많았던 이유는 실로 근원이 깊어 지류도 길었기 때문이라 하겠다. 『경용학[20]이 고암[21]에게 주는 글[耿龍學與高菴書]』

8

법연스님은 제대로 해나갈 만큼 절개와 의리를 가진 납자에게는 방안에서도 엄하게 거절하며 말과 얼굴빛을 꾸미지 않았다. 한편 편협하여 삿되게 아첨하고, 하는 짓이 외람되고 좀스러워 가르치지 못할 자를 더욱 애지중지하였으니 사람들은 이해할 수가 없었다. 아아, 스님의 처신에는 반드시 도가 있었으리라. 『경용학이 법어에 적은 발문[耿龍學跋法語]』

9

옛사람은 자기 허물 지적받기를 좋아하고, 덕담을 들으면 기뻐했다. 또한 관대하게 포용하기를 잘했고, 남의 단점을 보아주는 데 너그러웠다. 겸손하게 친구와 사귀고 부지런히 대중을 구제하며 이해관계로 변심하지는 않았다. 그러므로 그 빛이 찬란하게 고금을 비추는 것이다. 『영원[22]에게 답하는 글[答靈源書]』

10

법연스님이 불감스님에게 말하였다.

"주지의 요점은 대중에게는 넉넉하게 하고 자기 처신은 간소하게 하는 데 있다. 그 나머지 자잘한 일은 그리 신경 쓸 것이 없다.

매우 정성을 들여 사람을 채용하고, 정중한 쪽으로 말을 가려 쓰도록 주의해야 한다. 말이 정중하게 보이면 주지는 자연히 존대 받고, 대중에게 정성을 쏟으면 대중이 저절로 감동한다. 주지가 존대 받으면 근엄하지 않아도 대중이 복종하고, 대중이 감동하면 명령하지 않아도 일이 저절로 된다. 그리하여 자연스럽게 훌륭한 사람, 어리석은 자가 각각 속마음을 털어놓고 크고 작은 일에 모두가 자기 힘을 분발하게 된다. 그러니 세력을 가지고 위협하며 몰아붙여서 어쩔 수 없이 따르게 하는 것과 어찌 만 배 차이뿐이겠는가."

『섬시자일록(蟾侍者日錄)』에 실린 『불감에게 주는 글[與佛鑒書]』

11

법연스님이 곽공보(郭功輔, 1035~1113)[23]에게 말하였다.

"사람의 마음은 원래 일정하게 지키는 바가 없어 바깥 사물에 따라 날로 변한다. 예로부터 불법이 융성하고 쇠퇴하는 데는 운수 때문이기도 하나, 흥하고 쇠하는 이치는 다 교화에 달려 있다.

옛날 강서(江西)와 남악(南嶽)의 모든 스님께서 중생을 이롭게 할 때, 맑은 도풍으로 일으키고 청정으로 절제하였으며, 도덕을 베풀고 예의를 가르쳤다. 그리하여 납자들이 보고 듣는 것을 가려 사벽(邪僻)을 막게 하였으며, 정욕[嗜慾]과 물욕[利養]을 다 끊게 하였다. 때문에 날마다 선을 실천하고 허물을 멀리하여 자기도 모르는 사이에 도덕이 완전해졌다.

그러나 요즈음 사람은 옛사람보다 훨씬 못하다. 기어코 이 불도를 참구하고자 한다면 반드시 마음을 단단히 먹고서 깨닫고야 말겠다는 의지를 바꾸지 말아야 한다. 그런 뒤에 재앙이나 득실은 하늘에 맡기고 구차하게 면하려 해서는 안 된다. 안 되리라고 미리 근심하여 해보지도 않아서야 되겠는가. 털끝만큼이라도 주저하고 의심하는 마음이 가슴속에 싹텄다 하면 금생에 깨닫지 못할 뿐 아니라 천생만겁을 지낸다 할지라도 성취될 날이 없을 것이다." 『탄연암집(坦然庵集)』

주
:

1   오조법연(五祖法演) : 임제종 양기파. 백운수단(白雲守端) 스님의 법을 이었으며, 남악의 13세 법손이다.
2   불감(佛鑑, 1059~1117) : 법명은 혜근(慧懃). 임제종 양기파. 오조법연(五祖法演) 스님의 법을 이었다.
3   불과(佛果, 1063~1135) : 법명은 극근(克勤). 임제종 양기파. 오조법연(五祖法演) 스님의 법을 이었다. 남송의 고종(高宗)에게서 원오(圜悟), 북송의 휘종(徽宗)에게서 불과(佛果)라는 호를 받았다.
4   양기방회(楊岐方會) : 임제종 양기파의 개조. 석상초원(石霜楚圓, 986~1040) 스님의 법을 이었으며, 남악의 11세 법손이다.
5   복과 수명이 줄어드는 시기.
6   『고존숙어록(古尊宿語錄)』권19(X68-123c).
7   『육조대사법보단경(六祖大師法寶壇經)』「기연(機緣)」(T48-357b).
8   "巧言令色(교언영색)."『논어』「학이편(學而篇)」과「양화편(陽貨篇)」.
9   원오(圜悟, 1063~1135) : 법명은 극근(克勤). 임제종 양기파. 오조법연(五祖法演) 스님의 법을 이었다.
10 불안(佛眼, 1067~1120) : 법명은 청원(淸遠). 임제종 양기파. 오조법연(五祖法演) 스님의 법을 이었다.
11 현재의 호북성(湖北省) 황강시(黃岡市) 황매현(黃梅縣)에 있는 빙무산(憑茂山)의 다른 이름이다. 선종 5조 홍인(弘忍, 602~675)이 이곳에 머물며 선풍을 날리며 유명해졌다. 현(縣) 경계의 동쪽에 위치하고 있다는 의미에서 동산(東山)이라고 부른다. 5조 이후 특히 법연(法演)이 총림을 이루어 원오극근, 불감혜근, 불안청원 등의 많은 제자를 길러내었다.
12 태평불감(太平佛鑑) : 법명은 혜근(慧懃). 임제종 양기파. 태평은 머물던 산 이름. 오조법연(五祖法演) 스님의 법을 이었다.
13 용문불안(龍門佛眼) : 법명은 청원(淸遠). 임제종 양기파. 용문은 머물던

산 이름. 오조법연(五祖法演) 스님의 법을 이었다. 태평산 불감혜근(佛鑑慧懃)과 원오불과(圓悟佛果) 극근(克勤)과 더불어 동산(東山)의 삼불(三佛), 또는 동산의 이근일원(二勤一遠)이라 불린다.

14 선원에서 감원(監院, 선원 주지를 보좌하여 서무 일체를 맡은 소임)·유나(維那, 선원 대중의 감독 소임)·전좌(典座, 선원 생활품을 담당한 소임)·직세(直歲, 사찰의 건물과 토지 등을 관리하는 소임)의 네 지사(知事)를 주사라고 한다.
15 현재의 안휘성(安徽省) 안경시(安慶市) 잠산현(潛山縣).
16 현재의 안휘성(安徽省) 마안산시(馬鞍山市) 당도현(當塗縣).
17 자명(慈明) : 석상초원 스님의 시호(諡號).
18 양기(楊岐)스님은 출가한 후 여러 곳으로 선지식을 찾아다니다가 석상초원(石霜楚圓) 스님을 남원산(南源山)에서 참례한 후 초원스님이 도오산(道吾山), 석상산(石霜山), 그리고 담주(潭州) 광화선원(光化禪院)으로 옮기자 따라다니며 약 30년 간 사중의 일[院事]을 총괄하였다.
19 『예기(禮記)』 권17 「학기(學記)」.
20 경용학(耿龍學)은 송 고종(高宗) 때의 관리 경연희(耿延禧, ?~1136)를 가리킨다. 송 태종의 서적과 문서를 보관하던 용도각(龍圖閣)을 관리하는 직학사(直學士)를 지냈다. '용학(龍學)'이라는 호칭은 용도각 직학사를 가리키는 것으로 보인다. 또한 경연희는 원오불과(圓悟佛果, 1063~1135) 스님의 어록에 서문을 썼다.
21 고암(高菴)은 운거선오(雲居善悟, 1074~1133)를 가리키는 것으로 보인다. 불안청원(佛眼淸遠, 1067~1120) 스님의 법을 이었다.
22 영원(靈源)은 회당조심(晦堂祖心, 1025~1100) 스님의 법을 이어받은 유청(惟淸, ?~1117)으로 보인다.
23 송대(宋代)의 시인이자 문장가인 곽정상(郭正祥)을 가리킨다. 자(字)는 공보(功輔), 호(號)는 정공거사(淨空居士)이다. 소동파(蘇東坡, 1037~1101)와도 교유가 깊었다. 백운수단(白雲守端, 1025~1072) 스님의 제자이다.

07

도는 사람을 떠나지 않으나 사람이 도를 버린다

백운수단(白雲守端, 1025~1072)¹

1

공보(功輔)가 태평주(太平州)의 요직을 맡고 강을 건너 해회(海會)에서 백운수단(白雲守端) 스님을 방문하였다. 스님이 공에게 "소가 순하던가?" 하고 묻자, 공이 그렇다고 대답하였다. 스님이 호통을 치자 공은 팔짱을 낀 채 끄떡도 안 했다. 스님은 찬탄하였다.

"순하고 순하군. 남전(南泉, 748~835)²과 대위(大潙, 771~853)³ 큰스님도 꼭 이러하셨다네."

그리고는 이어 노래를 지어 불러 주었다.

산 속에서 소가 내려오니
물도 풀도 가득하네
소가 산을 떠나니
이리저리 발길 닿는 대로 노니네.

牛來山中(우래산중) 水足草足(수족초족)
牛出山去(우출산거) 東觸西觸(동촉서촉)

또 한 수 읊었다.

훌륭하신 공자(孔子)는
삼천 제자를 교화했으니
그 예의를 알 만하도다.

上大人(상대인) 化三千(화삼천)
可知禮也(가지례야) 『행장(行狀)』

2

백운스님이 공보에게 말하였다.
"전에 취암산(翠巖山) 진점흉(眞點胸, ?~1064)[4] 스님이 선관(禪觀)의 맛에 빠져들었다. 그리고는 날카로운 말재주로 여러 납자들을 꾸짖고 욕하며 자기 마음에 든다고 인정하는 자가 없었다. 그러나 깨달음에 있어서는 확실하지 못했던 것이다.
하루는 금란사(金鑾寺) 선(善) 시자(侍者)[5]가 그를 보고 비웃으며 말하였다.
'사형(師兄)께서는 참선은 많이 했지만 오만하여 깨닫지는 못했으므로 어리석은 선[痴禪]을 한다고밖에 못하겠군요.'"『백운야화(白雲夜話)』

3

도가 융성하고 쇠퇴하는 것에 어찌 정하여진 원칙이 있겠는가. 사람이 도를 넓히는 데 있을 뿐이다. 그러므로 "잡으면 있고 놓아 버리면 없어진다."⁶고 하였던 것이다. 그러니 도가 사람을 떠나는 것이 아니라 사람이 도를 버리는 것이다.

옛사람은 산림에 살거나 조정과 시장에 은둔하거나 명리에 끄달리지 않고 바깥 사물에 눈멀지도 않았다. 그리하여 청아한 기풍은 그 시대에 진동하고 아름다운 명성은 만세에 드날렸다. 그러나 어찌 옛날에만 그랬고 요즈음이라 해서 되지 않겠는가. 교화가 지극하지 못하고 실천에 힘쓰지 않았기 때문이다.

어떤 사람은 "옛사람은 순박했기 때문에 교화될 수 있었지만 요즈음 사람은 들뜨고 천박하므로 교화될 수 없다."고 한다. 그러나 이는 실로 사람들을 부채질하여 현혹시키는 말이니 생각해 볼 가치도 없다.『공보에게 답하는 글[答功輔書]』

4

백운스님이 무위자(無爲子)⁷에게 말하였다.

"말만 하고 실천에 옮길 수 없다면 아예 말하지 않느니만 못하며, 해놓고도 말하지 못할 것은 아예 하지 않는 편이 낫다. 말을 꺼내려면 반드시 그 결과를 생각해야 하고, 행동을 개시하려면 반드시 폐단을 살펴야 한다. 그러므로 선철(先哲)께서는 말을 조심하고 행동을 가려 하셨다.

말을 꺼내는 이유는 되지도 않는 말로 진리를 설명하려는 것이 아니라 깨닫지 못한 납자를 끌어 주기 위함이며, 무엇인가를 시행함은 자기 하나만 착하게 행동하려는 것이 아니라 완성되지 못한 납자를 가르치려 함이었기에 언행에는 모두 법도가 있었다. 그리하여 말과 행동이 재앙과 욕됨을 부르지 않고 떳떳한 법칙이 되었다. 그러므로 '언행(言行)은 군자의 핵심[樞機]이며 몸을 닦는 큰 근본으로서 천지를 움직이고 귀신도 감동시킨다.'고 한 것이니, 조심하지 않아서야 되겠는가." 『백운광록(白雲廣錄)』

5

백운스님이 오조법연(五祖法演) 스님에게 말하였다.

"참선하는 사람의 지혜로는 지난 자취를 보는 경우는 많아도 아직 나타나지 않은 것은 보지 못한다. 지관정혜(止觀定慧)[8]로는 나타나기 전에 방비하며, 작지임멸(作止任滅)[9]로는 지난 뒤에 깨닫는다. 그러므로 작지임멸은 보기 쉽지만 지관정혜는 어떻게 닦는지를 알기 어렵다.

옛사람은 깨달음에 뜻을 두고 사념은 싹이 트기 전에 끊어 버렸다. 비록 지관정혜와 작지임멸을 말한다 해도 모두가 본말(本末)의 관계를 논했을 뿐이다. 때문에 '털끝만큼이라도 본말에다가 말을 붙이는 자는 모두가 자신을 속이는 것이다.'[10]라고 하였던 것이다. 이것이 궁극적인 경지를 봄으로써 자신을 속이지 않았던 옛사람의 태도이다." 『실록(實錄)』

6

경전도 보지 않고 원대한 계획도 없는 납자를 종종 보면, 나는 총림이 쇠퇴할까 염려스럽다. 양기(楊岐)스님께서도 늘 걱정하시기를, "윗사람이나 아랫사람이나 자신만의 편안을 도모하는 것이 불교 문중의 가장 큰 근심거리이다."라고 하셨다.

나는 지난날 귀종사(歸宗寺)의 서당(書堂)에 은거하면서 경전과 역사를 열람할 때, 수백 번도 더 읽었으므로 책장이 떨어지고 매우 낡아 버렸다. 그러나 책을 펼 때마다 반드시 새로운 의미를 터득해 냈다. 여기에서 '학문이 이렇게 사람을 저버리지 않는구나.' 하는 생각이 들었다. 『백운광록(白雲廣錄)』

7

백운스님이 과거에 구강(九江)[11]의 승천사(承天寺)에 살다가 원통사(圓通寺)로 옮겨간 적이 있었는데 그때 나이가 아직 젊었다.[12] 당시 회당조심(晦堂祖心, 1025~1100) 스님이 보봉사(寶峰寺)에 머물면서 효월공회(曉月公晦)¹³ 스님에게 말하였다.

"원통사에 새로 온 이는 투철하게 근원을 보았으므로 양기(楊岐) 스님의 가문을 욕되게 하진 않을 것이다. 그러나 애석하다. 너무 일찍 쓰임새를 발휘하였으니 총림의 복이 되지는 못할 것이다."

공회스님이 곧 그 까닭을 묻자 회당스님은 대답하였다.

"명성과 재능은 하늘이 아끼는 것이므로 사람에게 둘 다 주지는 않는다. 사람이 굳이 욕심내면 하늘이 반드시 빼앗아가 버리기 때문이다."

백운스님이 서주(舒州)¹⁴의 해회사(海會寺)에서 48세¹⁵로 돌아가시자 식자(識者)들은 회당스님이 기미(機微)를 알았으니 참으로 지혜로운 분이라고들 하였다. 『담당¹⁶기문(湛堂記聞)』

주
:

1 백운수단(白雲守端) : 임제종 양기파. 양기방회(楊岐方會) 스님의 법을 이었으며, 남악의 12세 법손이다.
2 남전보원(南泉普願) : 마조도일(馬祖道一, 709~788) 스님의 법을 이었으며, 남악의 2세 법손이다. 안휘성(安徽省) 남전산(南泉山)에 머물며 선원을 열고 스스로 왕노사(王老師)라 칭하면서 30년간 한 번도 하산하지 않았다.
3 대위산(大潙山) 영우(靈祐) : 백장회해(百丈懷海, 720~814) 스님의 법을 이었으며, 남악의 3세 법손이다. 제자 앙산혜적(仰山慧寂, 807~883)과 함께 선풍을 크게 날려 그 법계를 위앙종이라 한다.
4 취암가진(翠巖可眞)을 가리킨다. 석상초원(石霜楚圓, 986~1040) 스님의 법을 이었다. 총림에서는 '진점흉(眞點胸)'이라고 칭하였다. 남창(南昌) 취암산(翠巖山)에 머물렀다.
5 석상초원(石霜楚圓, 986~1040) 스님의 시자이다. 출가한 이후로 금란사(金鑾寺)에 머물렀는데 취암가진(翠巖可眞, ?~1064)이 금란사에서 함께 안거를 난 후에 높이 평가하여 선문에서는 '선 시자'로 이름이 높았다.
6 "操則存(조즉존) 舍則亡(사즉망)."『맹자(孟子)』「고자장구(告子章句)」상.
7 무위자(無爲子)는 송대 예부외랑(禮部外郎)을 지낸 관리 양걸(楊傑)을 가리킨다. 자(字)는 차공(次公)이며 스스로 무위거사(無爲居士)라고 하였다. 천의의회(天衣義懷, 993~1064) 스님의 제자이다.
8 모든 사념을 쉬는 것을 지(止), 도리 그대로[如理] 사유하는 것을 관(觀), 내심(內心)이 요동하지 않는 것을 정(定), 외연(外緣)을 따라 명료하게 관조하는 것을 혜(慧)라 한다. 이것을 인과에 입각하여 나누어 보면 인(因, 수행위)에 있을 때를 지관(止觀), 과(果)에 있을 때를 정혜(定慧)라 한다.
9 『원각경』에서 설한 수행의 네 가지 병통을 말함.
작(作)은 마음으로 무엇인가를 짓는 것. 어떤 사람이 "나는 불심에서 갖

가지 행동을 지어 진리를 구하고자 한다."고 하면 즉시 병통이 되는 경우이다. 지(止)는 허망을 쉬고 진실로 나아가는 것. "어떤 사람이 나는 지금 모든 사념을 영원히 쉬고, 고요하고 평등하여 진리를 구하고자 한다."고 하면 바로 병통이 되는 경우이다. 임(任)은 인연 따라 마음[情] 가는 대로 맡겨 두는 것. "나는 지금 생사를 끊지도 않고 열반도 구하지 않으며 모든 것을 있는 그대로 맡겨 두고 진리를 구하고자 한다."고 하면 즉시 병통이 되는 경우이다. 멸(滅)은 적멸(寂滅)로 "나는 지금 모든 번뇌인 몸과 마음, 6근과 6진의 허망한 경계를 영원히 없애고 진리를 구하고자 한다."고 하면 병통이 되는 경우이다. 지관정혜가 근본이 되고 작지임멸은 지말이 된다.

10 백운수단(白雲守端, 1025~1072)의 『오가정종찬(五家正宗贊)』(X78-582b)이나 원오극근(圜悟克勤, 1063~1135)의 『불과극근선사심요(佛果克勤禪師心要)』(X69-497a) 등에는 이것이 덕산선감(德山宣鑒, 782~865)의 상당법문으로 나온다.

11 현재의 강서성(江西省) 구강시(九江市) 심양구(潯陽區).

12 『선림승보전』 권28(X79-548b)에는 이때 나이가 28세라고 밝혔다.

13 효월공회(曉月公晦) : 낭야혜각(瑯琊慧覺) 스님의 법을 이었다.

14 현재의 안휘성(安徽省) 안경시(安慶市) 잠산현(潛山縣).

15 원문에는 '56세'로 되어 있으나 『속전등록(續傳燈錄)』 권13에는 "강희(熙寧) 5년(1072)에 천화(遷化)하였으며 세수 48이다."(T51-548a)라고 하였고 『불조강목(佛祖綱目)』 권36에도 "임자(壬子) 강희 5년에 시적(示寂)하였으며 세수 48이다."(X85-722a)라고 밝히고 있다. 더욱이 위에서 28세에 원통사로 옮겼다고 하였는데, 『불조강목』 권36(X85-713c7)에서는 이때가 계사(癸巳)년이라고 하여 1053년임을 알게 한다. 이와 같은 기록에 따라 백운수단의 출생 연도를 1025년이라고 추측할 수 있으므로 48세인 1072년에 입적하였다고 보아도 무방할 것으로 보인다.

16 담당문준(湛堂文準, 1061~1115) : 임제종 황룡파. 늑담극문(泐潭克文, 1025~1102) 스님에게 10년 참구하여 법을 이었다.

08

활짝 트인 것이 도인의 마음 씀씀이다

회당조심(晦堂祖心, 1025~1100)[1]

1

회당조심(晦堂祖心) 스님이 효월공회(曉月公晦) 스님을 보봉사(寶峰寺)에서 뵈었다. 공회스님은 『능엄경(楞嚴經)』의 심오한 뜻을 환하게 알아 인근의 바닷가 지방에서는 독보적인 존재였다. 회당스님은 그에게 한 구절 한 글자를 들을 때마다 마치 지극한 보배를 얻은 듯 기쁨을 가누지 못하였다. 납자들 사이에서는 나름대로 이러쿵저러쿵하는 자가 있었는데, 회당스님이 이 소문을 듣고 말하였다.

"상대방의 장점을 본받아 나의 부족한 점을 메운다는데 나에게 무슨 거리낌이 있겠는가."

홍영소무(洪英邵武, 1012~1070) 스님은 말하였다.

"회당스님의 도학은 참선하는 납자들 가운데서 으뜸이다. 그런데도 덕 있는 이를 높임으로써 스스로 나아지려고 애썼고, 아직 견문이 넓지 못하다고 부끄럽게 여겼다. 그러니 자기의 잘난 점을 가지고 남 못난 점을 멸시하는 총림의 납자들에게 본받게 한다면 어찌 도움이 적다 하겠는가." 『영원습유(靈源拾遺)』

2

주지(住持)의 요점은 원대(遠大)한 것은 행하고 사소한 것은 생략하는 데에 있다. 일이 어려워 결단이 나지 않거든 덕도 있고 나이도 지긋한 분에게 자문해야 하고, 그래도 의심스러운 점에 대해서는 다시 잘 아는 사람에게 묻는다면 미진한 점이 있다 하여도 아주 잘못되지는 않으리라. 혹시라도 책임을 맡은 사람이 사심(私心)을 내어 자기 멋대로 주고받다가 하루아침에 소인의 꾀부림을 만나게 되면 죄가 누구에게 돌아가겠는가.

그러므로 "계획은 여럿이 세우되 결단은 나 혼자에게 있다."고 한다. "계획은 여럿이 세운다."는 말은 손익의 결과를 관찰할 수 있다는 뜻이고, "결단은 나 혼자에게 있다." 함은 총림의 시비를 가라앉힐 수 있다는 뜻이다. 『초당[2]에게 주는 글[與草堂書]』

3

회당스님이 위산으로 옮기는 청을 받아들이지 않자[3] 연평(延平)[4]의 진영중(陳瑩中)[5]이 편지를 보내 간곡하게 말하였다.

"옛날에는 주지에게 사무를 맡기는 것이 아니라 덕 있는 사람을 뽑아 그 자리에 있게 하였으니, 이 책임을 감당한 사람은 반드시

도[宗法]로써 납자를 깨우쳐 주려 하였지 결코 세력이나 지위, 명성이나 이익 때문에 변하지는 않았습니다. 그런데 요즈음 배우는 사람들은 대도(大道)는 아직 밝히지도 못하고서 각각 다른 학문을 좇아가 명상(名相)에 흘러 들어갑니다. 그리하여 마침내는 소리와 색에 움직여져서 훌륭한 사람과 어질지 못한 사람이 잡다하게 뒤섞여 흑백을 가리지 못할 지경에 이르렀습니다.

덕 있고 연로하신 분이라면 바로 이러한 때에 측은한 마음을 내어 관심을 보여야 할 것이니, 도를 자기의 책임으로 여겨, 우(禹) 임금이 역류하는 모든 강물을 막고 물길을 돌려 틔웠듯이 순조롭게 제 갈 길을 찾게 해주신다면 실로 어려움이 없을 것입니다. 물러나 고요함만을 구하고 편안함을 힘씀은 자기 한 몸만 착하고자 하는 사람이 좋아할 바이지 총림이 큰스님에게 바라는 바는 아닙니다."

『영원습유(靈源拾遺)』

4

회당스님이 하루는 황룡(1002~1069)스님이 편치 않은 기색을 눈치채고 물으니 황룡스님이 말씀하셨다.

"감수(監收)[6] 일을 맡길 만한 적임자를 찾지 못했다."

회당스님이 감(感)[7] 부사(副寺)[8]를 추천하자 황룡스님이 말씀하셨다.

"감 부사는 성미가 급하여 소인들의 꾀에 휘말릴까 염려스럽다."

회당스님이 "화(化)⁹ 시자가 청렴하고 근실한 편입니다." 하고 추천하니 황룡스님이 그를 두고 말씀하셨다.

"화 시자가 비록 청렴하고 근실하기는 하나 도량도 있고 충직한 수(秀)¹⁰ 장주(莊主)¹¹만은 못하다."

영원(靈源, ?~1117)¹²스님이 한번은 회당스님에게, "황룡스님은 감수(監收) 한 명 채용하는 일에 왜 그리 사려가 지나칠까요?"라고 하니, 스님이 말하였다.

"나라나 가문에서 책임을 맡은 자는 모두 다 적임자를 선발하는 일을 가장 중요하게 여겼으니, 어찌 유독 황룡스님만 그러하겠는가. 옛 성인들도 이 일을 조심하셨다." 『통암벽기(通庵壁記)』

5

회당스님이 급사(給事)¹³ 주세영(朱世英)¹⁴에게 말하였다.

"내가 처음 도를 배우고자 하여서는 매우 쉽다고 자신했으나 돌아가신 황룡스님을 뵌 후 물러나서 나의 일상생활을 곰곰이 돌아보니 이치에 어긋난 점이 매우 많았다. 그리하여 심한 추위와 찌는 듯한 무더위에도 확고한 뜻을 바꾸지 않고 3년을 힘써 수행하고서야 바야흐로 일마다 이치에 맞게 되었으니, 지금은 기침하고 침 뱉고 팔 흔드는 것까지도 '조사가 서쪽에서 오신 뜻'이 되었다." 『장강집(章江集)』

6

주세영(朱世英)이 회당스님에게 물었다.

"군자는 불행히도 조그마한 허물만 있어도 듣고 보는 사람들이 틈도 없이 손가락질 하지만 소인은 종일토록 악을 자행해도 그렇지 않습니다. 그 까닭은 무엇입니까?"

"군자의 덕은 아름다운 옥과도 같아서 안에 흠집이 있으면 반드시 밖으로 나타난다. 그러므로 보는 사람들이 이상하다고 말하고 손가락질하지 않을 수 없는 것이다. 소인은 날마다 하는 짓이 다 허물과 악이니 더 이상 무슨 말이 필요하겠는가?"『장강집(章江集)』

7

성인의 도는 천지가 만물을 길러내는 것처럼 완전한 도를 갖추었다. 일반 사람의 도는 크고 작은 강과 바다, 산천의 능선과 골짜기, 초목과 곤충들이 저마다 타고난 도량을 다할 뿐임과 같다. 그리하여 자기 밖에 모두를 다 갖추고 있는 어떤 것에 대해서는 알지를 못한다.

도는 어째서 둘이 되었는가? 체험의 깊음과 얕음에 따라서 성취의 크고 작음이 달라지기 때문이다. 『장무진[15]에게 답하는 글[答張無盡書]』

8

오래 폐지되었던 일은 신속하게 되살릴 수 없고, 누적된 폐단은 갑자기 제거하지 못한다. 여유롭게 노니는 것에 오래 마음을 두어서는 안 되며, 또한 바라는 것을 다 채울 수 없고, 재앙은 억지로 면할 수 없다. 선지식이 되려는 자는 이 다섯 가지 일을 통달해야만 세상을 이끌어 가는 데에 답답함이 없을 것이다. 『상[16] 스님에게 주는 글[與祥和尙書]』

9

스승(황룡스님)께서는 행동이 엄중하시었으므로 뵙는 사람들이 공경하고 두려워하였다. 납자들이 일을 핑계 삼아 여가를 내겠다고 청하면 따끔하게 거절하고 허락하지 않는 경우가 많으셨다. 그러나 부모와 노인을 살피고 모시는 일이라는 말을 들을 경우만은 얼굴색이 환해지시고, 예의를 다하여 나루터까지 바래다 주곤 하셨다. 사람을 사랑하고 공손하게 효도하심이 이러하셨다. 『사경온[17]에게 주는 글[與謝景溫書]』

10

스승 황룡스님께서 옛날 운봉문열(雲峰文悅, 997~1062)[18] 스님과 형남(荊南)[19] 봉림사(鳳林寺)에서 하안거를 지낼 때 일이다. 운봉스님은 말하기를 좋아하여 하루는 납자와 시끄럽게 떠들고 있었는데 황룡스님께서는 태연자약하게 경전을 보며 못 본 척하였다. 그러자 운봉스님이 황룡스님의 책상머리에 다가가서 눈을 부릅뜨고 "그대는 여기에서 선지식의 이론이나 익히고 있는가?"라고 따졌으나 황룡스님께서는 머리를 조아려 사과하고는 여전히 경전을 보았다.『영원습유(靈源拾遺)』

주:

1. 회당조심(晦堂祖心) : 임제종 황룡파. 처음에 운봉문열(雲峰文悅, 997~1062) 스님에게 참구하였다가 황룡혜남(黃龍慧南, 1002~1069) 스님의 법을 이었으며, 남악의 12세 법손이다.
2. 초당선청(草堂善淸, 1057~1142) : 회당조심(晦堂祖心, 1025~1100) 스님의 법을 이었다.
3. 『선림승보전(禪林僧寶傳)』권23(X79-537a)이나 『임간록(林間錄)』권1(X87-252a) 등에 사직(師直) 벼슬을 하는 사경온(謝景溫, 1021~1097)이 담주(潭州)를 맡으면서 대위산(大潙山)의 주지자리를 비워 놓고 스님에게 청했으나 세 번이나 사양하고 나아가지 않았다는 기록이 전한다.
4. 현재의 복건성(福建省) 남평시(南平市) 연평구(延平區).
5. 진영중(陳瑩中, 1060~1124) : 화엄거사(華嚴居士). 영원유청(靈源惟淸, ?~1117) 스님의 제자이다.
6. 재산이나 수입 등을 감독하고 관리하는 직책.

7   황룡혜남(黃龍慧南, 1002~1069) 스님의 법을 이은 복엄자감(福嚴慈感)을 가리킨다.
8   금·곡식·돈·비단 등의 상주물을 관리하며 식량을 출납하는 직책.
9   회당조심(晦堂祖心, 1025~1100) 스님의 법을 이은 쌍령필화(雙嶺佖化)를 가리킨다.
10 황룡혜남(黃龍慧南) 스님의 법을 이은 대위회수(大潙懷秀)를 가리킨다.
11 선원의 직책을 거론하고 있음을 고려하면 경장(經藏)을 관리하는 장주(藏主)를 가리키는 것으로 보인다.
12 영원유청(靈源惟淸, ?~1117) : 회당조심(晦堂祖心, 1025~1100) 스님의 법을 이어받았다.
13 왕가 안팎의 일을 관리하는 관직.
14 주세영(朱世英) : 북송 휘종(徽宗) 때 숭녕(崇寧) 연간(1102~1106)에 진사에 급제하여 급사에까지 오른 관리. 이름은 현모(顯謨), 정걸(庭傑). 황룡혜남(黃龍慧南, 1002~1069) 스님의 제자이다.
15 장무진(張無盡) : 무진거사 장상영(張商英, 1044~1122)을 가리킨다. 자(字)는 천각(天覺)이고, 장문충(張文忠)이라고도 한다. 여러 관직을 거쳐 재상에까지 올랐다. 처음에는 불교를 믿지 않았으나 『유마경』을 읽고 깊은 신심을 내어 도솔종열(兜率從悅, 1044~1091) 스님의 제자가 되었다.
16 위산(潙山)의 진여모철(眞如慕喆, ?~1095) 스님의 법을 이은 늑담(泐潭)의 보봉경상(寶峰景祥, 1062~1132)으로 보인다.
17 사경온(謝景溫, 1021~1097) : 자(字)는 사직(師直), 송대의 정치인. 왕안석(王安石, 1021~1086)과 인척관계이나 후에 왕안석과 반목이 생겨 지주(知州)로 쫓겨나기도 하였다. 희녕(熙寧) 연간(1068~1077)에 어사지잡(御使知雜)으로 발탁되었다.
18 운봉문열(雲峰文悅) : 임제종. 대우수지(大愚守芝) 스님의 법을 이었으며, 남악의 11세 법손이다. 깨닫고 나서도 8년 동안 스승을 모시다가 스승이 입적하고 나서도 제방으로 참학을 계속 하였다.
19 현재의 호북성(湖北省) 형주시(荊州市) 강릉현(江陵縣).

09

대중을 얻는 요점은
사람 마음을 살피는 데 있다

황룡혜남(黃龍慧南, 1002~1069)[1]

●

1

내가 옛날에 문열(文悅, 997~1062)스님과 호남(湖南)[2] 땅에 유람할 때, 대나무로 된 상자를 메고 가는 납자 하나를 만나게 되었다. 문열스님이 보고는 놀란 듯 이맛살을 찌푸리며 꾸짖었다.

"자기 집 속의 물건도 내려놓으려 하지 않고서 게다가 남의 짐까지 걸머졌으니 너무 무겁지 않은가?" 『임간록(林間錄)』

2

주지하는 요점은 대중을 얻는 데 있고, 대중을 얻는 요점은 사람 마음을 살피는 데 있다. 그러기에 부처님께서도 "사람 마음이 세상의 복밭이 된다."고 하셨으니, 다스리는 도(道)가 여기에서 나오기 때문일 것이다.

그러므로 시운(時運)의 막힘과 트임, 그리고 일의 손익이 반드시 사람 마음을 원인으로 하는 것이다. 말하자면 사람 마음에는 통함과 막힘이 있으므로 시운에도 막힘과 트임이 생겨나고, 일에는 정도의 차이가 있으므로 손해와 이익을 보게 되는데, 오직 성인이라야 천하의 마음을 다 아실 수 있다. 그러므로 『주역(周易)』에서도 다음과 같이 괘(卦)[3]를 나누고 있다.

건(乾, 하늘)이 아래이고 곤(坤, 땅)이 위에 있는 형상을 태(泰, 편안함·통함)[4]괘라 하였고, 건이 위이고 곤이 아래에 있는 것을 비(否, 막힘)[5]괘라 하였으며, 그 점괘의 상(象)을 보고 나서 위를 덜어내고 아래를 더해 주는 것을 익(益)[6]괘라 하였고, 아래를 덜고 위를 더하는 것을 손(損)[7]괘라 하였다.

건(乾)은 하늘이고 곤(坤)은 땅이니, 하늘이 아래에 있고 땅이 위에 있는 것은 진실로 제자리가 아니라고 하겠으나 반대로 이를 태괘(泰卦)라고 하는 이유는 위아래가 서로 통하기 때문이며, 주인은 위에 있고 손님은 아래에 자리하는 것이 이치로는 맞는 순서라 하겠으나 반대로 이를 비괘(否卦)라고 말하는 것은 위와 아래가 서로 통하지 못하기 때문이다. 이 때문에 천지가 통하지 못하면 생물들이 자라지 못하고, 사람의 마음이 통하지 못하면 만사가 화목하지 못하다.

손괘(損卦)와 익괘(益卦)의 의미도 이와 같다. 다른 사람의 위에 있는 이로서 자신에게는 간략하게 하고 아랫사람에게는 너그럽게 하면 아랫사람은 반드시 기쁜 마음으로 윗사람을 받들 것이니, 어찌 이것을 익(益)이라 하지 않겠는가? 위에 있는 이로서 아랫사람을 능멸하며 자기 욕심대로 한다면 아랫사람은 반드시 원망을 하며 윗사람을 배반하리니, 이를 어찌 손(損)이라 하지 않겠는가?

그러므로 위와 아래가 통하면 태평하고, 통하지 못하면 막힌다. 자신이 손해를 보면 남이 이익을 보고, 자신을 이롭게 하는 이는 남에게 손해를 끼치니, 대중의 마음을 얻는 것이 어찌 쉬운 일이겠는가. 옛 성인도 일찍이 "사람은 배와 같고, 사람의 마음은 물과 같다."고 비유하였다. 물은 배를 띄울 수도 있지만 한편 배를 엎어 버릴 수도 있으니 물의 본성을 따르면 배가 뜨지만 거슬리면 가라앉는다.

그러므로 주지가 사람의 마음을 얻으면 흥하고 잃으면 쫓겨나니 대중의 마음을 완전히 얻으면 온전히 흥하고 완전히 잃으면 아주 쫓겨난다. 때문에 착한 사람과 함께하면 복이 많고 악한 사람과 함께하면 재앙이 심하다. 선악이 끼리끼리 모이는 것은 꿰어진 염주와 같고 흥하고 쫓겨나게 되는 모양은 해를 보듯 분명하다. 이것이 역대의 원칙이다. 『황벽유승[8]에게 주는 글[與黃檗勝書]』

3

황룡스님이 형공(荊公)[9]에게 말하였다.

"무엇을 하든 조심해야 될 일은 항상 면전의 길을 곧게 활짝 열어 놓아 모든 사람들이 다닐 수 있게 하는 것이니, 이것이 대인(大

人)의 마음 씀씀이이다. 만약 면전의 길을 험난하게 막아 다니지 못하게 하면 다른 사람만 다니지 못할 뿐만 아니라 자기도 발 놓을 땅이 없으리라." 『장강집(章江集)』

4

사람이 스스로 생각하여 일거일동에, 위로는 하늘을 속이지 아니하고 밖으로는 다른 사람을 속이지 아니하며, 안으로는 자기 마음을 속이지 않는다고 여길 만하면 참으로 되었다 하리라. 그러나 남이 알아차릴 수 없는 자기 마음속 깊은 곳까지도 조심하고 삼가 과연 털끝만큼도 속임이 없을 때야말로 완전하다고 말할 수 있을 것이다. 『형공에게 답하는 글[答荊公書]』

5

장로(長老)의 직책이란 도와 덕을 담는 그릇이다. 옛 성인이 총림을 세워 기강을 마련하고 이름과 자리를 정해 도와 덕이 있는 납자를 선택하여 그를 장로로 임명함은 도를 시행하고자 함이었지 구차하게 이름을 훔치게 하려는 것은 아니었다.

지난날 자명(慈明, 986~1040)스님도 말씀하시기를, "자기 혼자 도를 지키며 언덕이나 골짜기에서 늙어 죽는 것보다는 차라리 도를 실천하며 총림에서 대중을 거느리는 것이 낫다."고 하셨다. 장로의 직분을 잘 지킨 자가 없었더라면 불조의 도와 덕이 어찌 남아 있겠는가.『취암가진에게 주는 글[與翠巖眞書]』

6

황룡스님이 은자(隱者) 반연지(潘延之)¹⁰에게 말씀하셨다.
"성현의 학문은 단시간에 성취되는 것이 아니다. 모름지기 착실히 쌓아 가는 틈에 이루어진다. 착실히 쌓아가는 요점은 부지런히 전념하여 좋아하는 것을 끊고 게으르지 않게 실천하는 데에 있다. 그런 뒤에 그것을 넓혀서 충만하게 하면 천하의 묘함을 다할 수 있으리라."『용산광록(龍山廣錄)』

7

반연지가 황룡스님의 법도가 엄밀하다는 말을 듣고 그 요점을 물으니 이렇게 대답하셨다.
"아버지가 엄격하면 자식이 공경하듯 오늘의 규훈(規訓)은 뒷날의 모범이 된다. 그것은 땅을 고르는 것과도 같아서 높은 곳은 깎고 움푹 패인 곳은 채워야 한다. 그가 천 길의 높은 산을 오르려 하거든 나도 그와 함께해야 하고, 깊은 연못 밑바닥까지 가려 하거든 나도 함께해야 한다. 기량이 다하고 허망이 끝까지 가면 저들이 스스로 쉬게 된다."
또 말씀하셨다.
"따뜻한 기운으로 봄여름이 만물을 낳아 기르고, 서리와 눈으로 가을 겨울이 만물을 성숙시킨다. 공자는 '나는 말하지 않고자 하노라.'¹¹ 하였는데, 옳은 말이다." 『임간록(林間錄)』

8

황룡스님 가풍에 삼관어(三關語)¹²가 있었는데, 이 기연에 계합하는 납자가 적었다. 혹 대꾸하는 이가 있어도 눈을 감고 꼿꼿이 앉아서 가타부타를 말하지 않았다. 반연지가 좀 더 설명해 주기를 청하자 스님이 말하였다.

"관문을 통과한 자는 팔을 흔들며 가 버리면 그만이다. 관문을 지키는 관리에게 들어가도 되느냐고 묻는 자는 아직 관문을 지나가지 못한 자이기 때문이다." 『임간록(林間錄)』

9

도(道)는 산처럼 오를수록 더욱 높고, 땅처럼 갈수록 더욱 멀다. 학문을 하는 사람은 정도가 낮아 힘을 다해도 중도에서 그칠 뿐이다. 오직 뜻을 도에 둔 사람만이 높고 먼 끝까지 갈 수 있다. 그 나머지는 누구라서 여기에 끼어들 수 있겠는가? 『기문(記聞)』

10

천지일월은 예나 지금이나 같고, 만물의 성정(性情)도 예나 지금이나 같다. 천지일월도 원래 바뀜이 없으며 만물의 성정도 본디 변화가 없는데 무엇 때문에 도(道)만이 유독 변할 것인가?

슬프다. 아직 도에 이르지 못한 자들이 옛것은 싫어하고 새로운 것만 좋아하며, 이것을 버리고 저것을 취한다. 이는 마치 월(越)나라[13]를 가려는 사람이 남쪽으로 가지 않고 북쪽으로 가는 것과 같아서 실로 남다르다 할 수는 있겠으나 부질없이 심신을 수고롭게 할 뿐이니 그 뜻이 굳어질수록 도에서는 더욱 멀어진다.『둔암벽기(遁庵壁記)』

11

황룡스님이 홍영소무(洪英邵武, 1012~1070)[14] 스님에게 말하였다.

"뜻을 하나로 돌아가게 하여 오래도록 물러나지 않으면 언젠가는 반드시 묘한 도에 돌아갈 바를 알게 될 것이다. 그가 혹시 마음에 좋고 싫음이 있어 감정이 삿되고 편벽함을 따른다면 옛사람과 같은 뜻과 기상이 있다 해도 나는 그가 끝내 도를 보지 못할까 염려스러울 따름이다."『벽기(壁記)』

주
:

1   황룡혜남(黃龍慧南) : 임제종 황룡파의 개조. 석상초원(石霜楚圓, 986~1040) 스님의 법을 이었으며, 남악의 11세 법손이다.

2 현재의 호남성(湖南省).
3 괘(卦)란 '걸다'는 뜻이다. 즉 '사물의 형상을 여기에 걸어서 사람들에게 보여준다'는 것이다.
4 태(泰) : 『주역』에서 말하는 64괘 가운데 제11괘. 양(陽)과 음(陰)이 조화로운 가장 좋은 괘로 생각한다.
5 비(否) : 『주역』에서 말하는 64괘 가운데 제12괘. 양(陽)과 음(陰)이 조화롭지 못한 가장 나쁜 괘로 생각한다.
6 익(益) : 『주역』에서 말하는 64괘 가운데 제42괘. 진정한 이익의 뜻으로 풀이한다.
7 손(損) : 『주역』에서 말하는 64괘 가운데 제41괘. 진정한 손해의 뜻으로 풀이한다.
8 황벽유승(黃蘗惟勝) : 황룡혜남(黃龍慧南, 1002~1069) 스님의 법을 이었다.
9 형공(荊公) : 송대의 정치가이자 문필가인 왕안석(王安石, 1022~1086)을 가리킨다. 자(字)는 개보(介甫), 호는 반산(半山)이다. 당송팔대가의 한 사람이다. 진정극문(眞淨克文, 1025~1102) 스님의 제자이다.
10 반연지(潘延之) : 이름은 홍(興), 자(字)는 연지(延之), 호는 청일거사(淸逸居士)이다.
11 "吾欲無言(오욕무언)." 『논어』「양화(陽貨)」제19장.
12 황룡스님은 이 세 마디로 납자를 지도하였다.
    "나의 손은 어째서 부처님 손과 같은가?"
    "나의 다리는 어째서 나귀 다리와 같은가?"
    "사람마다 태어난 생연처(生緣處)가 있는데 그대들의 생연처는 어디인가?"
13 월(越)은 춘추전국시대에 월왕(越王) 구천에 의해 건설된 나라로 현재의 절강성(浙江省) 소흥(紹興)이 도읍지였다.
14 홍영소무(洪英邵武) : 황룡혜남(黃龍慧南, 1002~1069) 스님의 법을 이었다.

10

공안을 설명하는 어리석음을 경계하다

홍영소무(洪英邵武, 1012~1070)[1]

1

곳곳의 노숙(老宿)들이 선각(先覺)의 말씀을 비판하고 공안(公案)을 설명하는 것은 마치 한 줌의 흙으로 태산을 높이고 한 움큼의 물로 동해를 깊게 하려는 격이다. 저들의 뜻이 어떻게 우리 불법을 더 높게 하거나 깊게 하겠는가. 생각해 보면 보충 설명으로 이해를 도우려는 그들의 뜻은 살 만하나, 그런 방법으로는 될 수 없는 문제임을 그들은 알지 못했을 뿐이다. 『광록(廣錄)』

2

홍영소무 스님은 배우는 납자들이 방자하게 멋대로 굴면서도 인과를 두려워하지 않는 것을 볼 때마다 길게 탄식하며 말했다.

"수고로운 삶은 마치 길손이 여관에 잠시 묵는 것과 같아서 있는 동안 인연을 따르다가 가 버리면 그만이다. 그런 데에서 욕심으로 구하고 얻는 것이 얼마나 되기에 너희들은 염치를 모르고 분수를 넘어 이토록 가르침을 더럽히는가?

대장부의 뜻이 조사의 도를 크게 넓히고 후학을 이끌어 줌에 있다면, 자기 욕심만 챙기느라고 무엇이든 거리낌 없이 마구 해서는 안 된다. 일신에 닥친 화를 피하기 위해 무엇이든 가리지 않고 도모한다면 결국 만겁 동안 받을 재앙을 만든다. 그러나 삼악도의 지옥에서 고통 받는 정도로는 아직 괴로움이라 할 수 없다. 한 번 가사를 걸쳤다가 사람의 몸을 잃는 것이야말로 진실한 고통이다."『벽기(壁記)』

3

홍영소무 스님이 회당조심(晦堂祖心, 1025~1100) 스님에게 말했다.

"선지식(善知識)이라 불리는 이는 누구나 불조(佛祖)의 교화를 도와 납자들에게는 도를 닦는 데에 마음을 쏟게 하고 민간에게는 풍속을 선도해 나가야 하는 것이니, 본디 천박한 사람이 할 수 있는 것이 아니다.

말법시대의 비구들은 도덕을 닦지 않아 절개와 의리가 거의 없다. 번번이 뇌물을 싸들고 문전에 기대어 꼬리치고 구걸하여 권세 있는 문하에서 명성과 이익을 추구한다. 그러다 하루아침에 이생에서 받을 업과 복이 다하여 죽게 되는 날이면 세상이 모두 손가락질하리니, 자기에게 재앙이 될 뿐만 아니라 바른 가르침을 더럽히고 스승과 벗에게 허물을 끼치게 되니 크게 탄식할 일이 아닌가."

회당스님은 말없이 고개를 끄덕였다.

4

홍영소무 스님이 반연지에게 말했다.

"옛날의 배우는 이는 마음을 다스렸고 요즘의 배우는 이는 모습을 다스리니 이 둘 사이는 천지차이라 하겠다."

5

홍영소무 스님이 진정극문(眞淨克文, 1025~1102) 스님에게 말했다.

"무엇이든 갑자기 자라나는 것은 반드시 중도에서 꺾이며, 급하게 이루어지는 일은 반드시 쉽게 허물어지니, 먼 앞날을 내다보지 않고 계획하여 갑자기 만들어 낸 일은 모두가 원대한 일의 밑천이 될 수 없다.

자연은 가장 신령스럽지만 그래도 3년마다 한 번씩은 윤달이 끼어야 조화신공(造化神功)을 완수할 수 있다. 하물며 무상대도(無上大道)의 오묘함을 어떻게 급히 서둘러 이룰 수 있겠는가. 요점은 공부를 축적하고 덕을 쌓아 가는 데에 있는 것이다. 그러므로 '급하게 하려 하면 도달하지 못하고 꼼꼼하게 행하면 실수하지 않으니,² 아름답고 묘하게 이룸에는 오랜 시간이 걸리어 마침내 종신토록 도모함이 있게 된다.'³는 말이 있다. 성인이 말씀하시기를, '도(道)에 대해서 믿음으로써 지키고 민첩하게 실천하며 진심으로 이루면, 아무리 큰일이라도 반드시 된다.'고 하셨다.

지난날 철시자(喆侍者)⁴는 앉은 채로 밤을 새우면서 자지 않았다. 둥근 나무로 목침을 만들어 괴고는 잠깐이라도 졸면 목침이 굴러 떨어져 깜짝 놀라게 함으로써 다시 일어나 전처럼 자리를 펴고서 앉곤 하였다. 늘 이렇게 해나가자 어떤 사람이 그에게 마음씀이 너무 지나치다고 하니, 이렇게 말했다.

'나는 반야(般若)와의 연분이 본래 엷어서, 애써 뜻을 가다듬지 않는다면 허망한 습관에 끄달릴까 염려스럽다. 더구나 꿈 같고 허깨비 같은 이 몸은 본래 진실이 아닌데, 어떻게 이것만을 믿고 장구한 계책을 삼겠는가.'

나는 그때 상서(湘西)⁵에 있으면서 그 지조와 실천이 이러함을 직접 보았다. 그러므로 총림에서는 그의 명성에 머리 숙이고 그의 덕에 경배하며 칭찬한다.'『영원습유(靈源拾遺)』

주
:

1　홍영소무(洪英邵武) : 임제종 황룡파. 황룡혜남 스님의 법을 이었다.
2　"欲速則不達(욕속즉부달) 細行則不失(세행즉불실)." 『논어(論語)』「자로(子路)」하.
3　"美成在久(미성재구) 遂有終身之謀(수유종신지모)." 『장자(莊子)』「내편(內篇)」제4 '인간세(人間世)'.
4　대위산(大潙山)의 진여모철(眞如慕喆, ?~1096) 스님을 가리킨다. 취암가진(翠巖可眞, ?~1064)의 법을 이었으며 남악의 12세 법손이다.
5　현재의 호남성(湖南省) 주주시(株洲市) 주주현(株洲縣).

11

도인이 가니 총림이 시들다

진정극문(眞淨克文, 1025~1102)[1]

1

진정극문(眞淨克文) 스님은 가장 오랫동안 황룡(黃龍)스님을 모셨던 분이다. 처음에는 사람들 앞에 나서서 남의 스승이 되기를 사절하였다가 뒤에 동산사(洞山寺)의 청을 받고 가는 길에 서산(西山)을 지나게 되어 향성경순(香城景順)[2] 스님을 찾아뵈니 경순스님이 그를 놀리며 시를 한 수 지어 주었다.

지난날 제갈량은 은자라 불리다가
유비의 삼고초려에 와룡산[臥龍崗]을 내려왔네
송화가루가 봄기운에 만발하려면
그 뿌리 바위 깊이 묻혀야 하리.

諸葛昔年稱隱者(제갈석년칭은자)

茅廬堅請出山來(모려견청출산래)

松華若也沾春力(송화약야첨춘력)

根在深巖也著開(근재심암야저개)

그러자 진정스님은 절하고 물러났다. 『순어록(順語錄)』

2

진정스님이 구봉희광(九峰希廣)[3] 스님을 오봉사(五峰寺)의 주지로 천거하니, 대중은 그가 거칠고 졸렬하여 세간을 감화시킬 만한 그릇이 못 된다고들 하였다. 그러나 희광스님이 주지가 되어서는 자기를 다스리는 데에는 엄정하고 대중에게는 관대하게 대하니, 오래지 않아서 절의 모든 폐단이 제대로 고쳐졌다. 납자들이 오가며 다투어 전하니 진정스님이 이 소문을 듣고 말하였다.

"배우는 사람들이 어찌 그토록 쉽게 남을 비방하고 칭찬하는가. 내가 매번 보니, 총림에서 멋대로 논의하기를 어느 장로(長老)는 도를 실천하여 대중을 편안하게 한다 하고, 어느 장로는 일용품을 사사로이 쓰지 않고 대중과 고락을 같이한다고들 한다.

선지식이라 불려 한 절의 주지가 되면 도를 실천하여 대중을 편안하게 하고 일용품을 사사로이 쓰지 않고 대중과 고락을 함께하는 것은 당연한 일이니 다시 무슨 말할 거리가 되겠는가. 그것은 사대부가 관리가 되어 나라를 다스리고 백성을 편안하게 하고는,

나는 뇌물을 받지 않았으며 백성을 어지럽히지 않았노라고 내세우는 것과 같다. 뇌물을 받지 않고 백성을 어지럽히지 않음이 어찌 분수 밖의 일이겠는가."『산당소참(山堂小參)』

3

진정스님이 귀종사(歸宗寺)에 머무를 때, 해마다 화주(化主)가 써서 바치는 조목에 베와 비단이 구름같이 쌓여 있었는데, 스님은 이를 보고 얼굴을 찡그리며 탄식하였다.

"이것은 모두 신심 있는 신도의 피와 땀이니 나에게 도덕이 없음이 부끄러울 뿐이다. 무엇으로 이것을 감당하겠는가."『이상로일섭기(李商老日涉記)』

4

말법시대에는 절개와 의리가 있는 비구가 드물다. 그들의 고상한 이야기나 폭넓고 트인 이론을 볼 때마다, 다른 사람은 그들에게 미칠 수 없다는 생각이 든다. 그러나 밥 한 그릇의 이익을 놓고 처음에는 쳐다보지도 않는 듯하다가 끝에 가서는 그것을 차지하며, 처음에는 헐뜯다가 뒤에는 칭찬한다. 그들은 자기들이 구하는 이욕에 따라 옳다 그르다 한다. 중정(中正)에 입각하여 사실을 숨기지 않는 자가 적었다.『벽기(壁記)』

5

비구의 법도는 물건을 수용(受用)하는 데에 너무 넉넉히 해서는 안 되니 많으면 넘치기 때문이다. 마음에 맞는 일이라도 많이 계획해서는 안 되니 많은 계획은 끝내 실패하기 때문이다. 되는 일이 있으려면 반드시 안 되는 일도 있게 마련이다.

내가 황룡스님을 뵈니, 세상을 교화하는 40년 동안에 모든 일에서 한 번도 안색이나 예의나 글재주 따위로 당시의 납자들을 억지로 얽어매지는 않았다. 확고한 견지(見地)를 가지고서 진실을 실천하는 자만을 자상하게 성취시켜 주었다. 스님의 신중함이 실로 고인의 격식을 체득했다 하겠으니 제방 어디에서도 비교할 만한 자가 드물다. 그러므로 오늘날 내가 거느린 대중들은 스님을 본받지 않는 자가 없다.『일섭기(日涉記)』

6

진정스님이 건강(建康)⁴ 보령사(保寧寺)에 머무를 때, 서왕(舒王, 왕안석)⁵이 재(齋)를 맞아 흰 명주를 바쳤다. 스님은 시자에게 "이것이 무엇인가?" 하고 물었다. "비단입니다." 하니, 스님이 다시 "어디에 쓰려고 하느냐?" 하자 "가사를 지을 것입니다."라고 대답하였다. 스님은 입고 있던 베 가사를 가리키며 "나는 늘 이렇게 입어 왔지만 보는 사람이 천하다고 하지 않더라." 하고는, 즉시 그 비단을 창고로 보내어 그것을 팔아서 대중에게 공양하라고 일렀다. 스님이 옷

따위에 신경 쓰지 않음이 이러하였다.『일섭기(日涉記)』

7

진정스님이 서왕(舒王)에게 말했다.

"일상생활에서 옳은 것은 힘써 실천하고, 잘못된 것은 기어코 그만두어야 한다. 또한 일의 쉽고 어려움 때문에 자기 뜻을 바꿔서도 안 된다. 당장 어렵다 하여 고개를 저으며 내버려 둔다면 뒷날이 오늘보다 더 어렵지 않으리라는 것을 어떻게 보장하겠는가."『일섭기(日涉記)』

8

진정스님은 어느 지방에서 도 있는 인재가 죽었다는 소문을 들으면 매우 슬퍼하며 눈물을 흘리기까지 하였다. 그 당시 담당문준(湛堂文準, 1061~1115) 스님이 모시고 있다가 물었다.

"만물이 천지 사이에 태어나 일단 몸을 가지면 죽고 썩는 것을 피할 수 없음은 당연한 이치인데, 무엇 때문에 그토록 상심합니까?"

스님은 이렇게 대답했다.

"불교가 일어나는 것은 도 있는 사람 덕분인데 지금 모두 죽어가니, 총림의 쇠퇴를 이로써 내다볼 수 있기 때문이다."『일섭기(日涉記)』

주
:

1   진정극문(眞淨克文) : 임제종 황룡파. 황룡혜남(黃龍慧南, 1002~1069) 스님의 법을 이었으며, 남악의 12세 법손이다.
2   서산(西山) 향성사(香城寺)의 경순(景順)선사를 말한다. 황룡혜남 스님의 법을 이었으며, 향성사에서 좌탈(坐脫)하였다.
3   진정극문(眞淨克文, 1025~1102) 스님의 법을 이었다.
4   현재의 강소성(江蘇省) 남경시(南京市) 고루구(鼓樓區).
5   송나라 휘종(徽宗)이 형공(荊公) 왕안석(王安石, 1021~1086)을 승진시켜 서왕으로 삼았다. 왕안석은 희령(熙寧) 연간(1068~1077)에 재상이 되자 신법(新法)을 만들어 백성을 괴롭혔다. 그의 아들 왕방(王雱)은 숭정전(崇政殿) 대학사(大學士)가 되어 아버지를 위해 선법이 실행되도록 보좌하다 죽고, 왕안석도 파직되어 한가히 지내던 중, 비몽사몽에 어느 귀신 사자가 왕방에게 쇠사슬 채우는 것을 보았다. 왕방은 울면서 아버지 때문에 신법에 힘쓰다가 이렇게 되었다고 했다. 왕안석이 귀신 사자에게 풀어주기를 간청하자, 사자는 "절을 세우고 스님께 공양을 올리면 면할 수 있다." 하니, 드디어 금릉(金陵)에 있는 논밭과 집을 희사하여 절을 짓고 나라에서 사액(賜額)하여 보령사(保寧寺)라 하고 진정극문(眞淨克文) 스님을 청하여 주지하게 하였다.

12

도덕 있는 사람은 대중과 같이 즐긴다

담당문준(湛堂文準, 1061~1115)[1]

1

담당문준(湛堂文準, 1061~1115) 스님이 처음 진정스님을 참례하고 나서 항상 휘장 속에서 불을 켜 놓고 책을 읽자, 진정스님이 이렇게 꾸짖었다.

"학인이라면 마음 다스리는 법을 구해야 한다. 많이 배웠다 해도 마음이 다스려지지 않았다면 배운들 무슨 소용이 있겠는가. 더구나 저마다 다른 백가(百家)[2]의 이론은 산처럼 높고 바다처럼 깊은데 그것을 다 보려 하는가? 그대는 지금 근본을 버리고 지말을 쫓고 있는데, 이는 마치 하인이 주인을 부리는 격이니 도업(道業)을 방해할까 염려스러울 뿐이다. 모름지기 모든 바깥 인연을 다 끊고 오묘한 깨달음을 구해야 하니, 그렇게 해나가다가 뒷날 되돌아본다면 문을 밀어젖힐 때 돌쩌귀에 들어맞듯 순조로울 것이다."

담당스님은 그때부터 익히던 것을 버리고 선관(禪觀)에만 전일

(專一)하게 주의를 기울였다. 그러던 어느 날, 한 납자가 제갈공명의 「출사표(出師表)」3 읽는 소리를 듣고 활연히 깨달아 응어리가 풀린 뒤 말문이 트이니, 대중 가운데 스님을 능가하는 자가 드물었다. 『뇌가췌우집(癩可贅疣集)』

2

도덕이 있는 사람은 대중과 같이 즐기고, 도덕이 없는 사람은 혼자 즐기기를 좋아한다. 대중과 즐기는 사람은 오래 가지만 자기 몸만 즐기는 사람은 망한다. 요즈음 주지라 불리는 자들은 자기의 좋고 싫은 감정으로 대중을 대하는 경우가 많아, 그 때문에 대중들이 그를 거스른다. 좋아하면서도 단점을 알고, 미워하면서도 그 사람의 장점을 알아주는 사람은 찾아보아도 드물다. 그러므로 근심과 즐거움을 대중과 함께하고, 좋고 싫음을 같이하는 자를 의로운 사람이라고 하는 것이다. 의(義)가 있는 곳이라면 천하 누군들 귀의하지 않겠는가. 『뇌가췌우집(癩可贅疣集)』

3

도에는 예나 지금이나 정도(正道)와 방편도[權道]가 있다. 그런데 그것을 널리 펴는 문제는 변통에 달려 있다. 변화를 알지 못하는 자는 문자에 매이고 교학에 집착하며 모양과 감정에 막히는데, 모두 방편에 통달하지 못했기 때문이다.

그러므로 어떤 스님이 조주(趙州, 778~898)스님에게 "만법이 하나로 돌아간다면 그 하나는 어디로 돌아갑니까?[萬法歸一(만법귀일) 一歸何處(일귀하처)]"라고 묻자, 조주스님은 "내가 청주(靑州)에 있을 때 삼베로 옷을 지었는데 무게가 일곱 근이었지."라고 대답했던 것이다.⁴ 옛사람이 방편[權道]에 통달하지 못했더라면 이처럼 응수할 수 있었겠는가?

성인이 말씀하시길, "그윽한 골짜기는 사심이 없어 마침내 메아리를 이루고, 커다란 좋은 종틀에 매여 있기 때문에 치는 대로 소리가 난다."고 하였다. 그러므로 걸림이 없는 상근기(上根機)라면 상도(常道)로 되돌아가 계합할 때, 하나만 고집하느라 변화에 응하지 못해서는 안 된다는 사실을 알 수 있다. 『이상로에게 주는 글[與李商老書]』

4

배우는 사람은 모름지기 스승이 될 만한 사람을 도반으로 삼아야 한다. 언제든지 깊이 존경하는 마음을 품고 일마다 본받을 만하여 나에게 보탬이 되도록 해야 한다. 혹 지식이 나보다 약간 나은 경우도 사귈 만하나, 부족한 점을 경책해야 하고 만일 나와 비슷한 경우라면 없느니만 못하다. 『보봉실록(寶峰實錄)』

5

조사 문중이 말운(末運)을 만나니, 시끄럽게 들뜨지 않는 정도의 수행자도 진실로 만나기 어렵다. 예전에 진여(眞如, ?~1095)[5] 스님이 지해사(智海寺)에 머무르면서 이런 말씀을 하셨다.

"상서(湘西) 도오사(道吾寺)에 있을 때, 대중은 많지 않았으나 늙은 납자 몇 명이 이 도리를 참구하고 있었다. 그런데 대위산(大潙山)에서 이곳으로 와서는 대중이 9백 명을 밑돌지 않았으나 대여섯 사람도 나의 말을 이해하지 못한다."

나는 이로써 사람을 얻는 것이 많은 숫자와는 무관하다는 사실을 알게 되었다. 『실록(實錄)』

6

상대방의 실천에 관한 문제는 한 번 대답하고 따져 묻는 정도로는 다 알지 못한다. 입으로는 날카롭게 변론하는 자라도 실제 일처리는 미덥지 못하게 하는 경우가 있으며, 말솜씨가 없는 자도 더러 이치는 밝을 수 있다. 그러므로 비록 언사는 궁하다 하나 아마도 그 이치는 궁하지 않을 것이며, 입은 굴복시켰다 해도 그 마음은 굴복시키지 못할 것이다. 사람을 알아보기 어려운 문제는 성인도 스스로 부족하다고 여겼다.

하물며 요즘 납자들은 저 잘난 줄만 알 뿐 대중의 마음을 아는 데는 힘쓰지 않으며 보고 듣는다는 것이 그저 남의 틈이나 허물을 엿보는 경우가 많다. 그들은 대중의 바람을 저버리고 어기면서 서로가 속임수를 더할 뿐이다. 그리하여 불조(佛祖)의 도를 더욱 얄팍하게 하여 거의 구제할 도리가 없게 하였다. 『노직[6]에게 답하는 글[答魯直書]』

7

담당스님이 묘희(妙喜, 1089~1163)스님에게 말하였다.

"상법(像法)과 말법(末法)시대에는 밖으로 사물을 따라가 마음을 밝히지 못하는 비구가 많다. 비록 큰일을 한다 해도 그것이 도에 관한 것은 아니니, 이는 비루하고 외람된 데에 붙어 그렇게 된 것이어서, 마치 소의 등에 붙어 있는 등에[蝱]가 날다가 얼마 못 가는 꼴이다. 가령 천리마의 꼬리에 붙는다면 문득 바람을 좇고 태양을 따르는 능력을 가지게 되리니, 이는 몸을 맡긴 곳이 훌륭하기 때문이다.

이 때문에 배우는 자는 반드시 처소를 가려 머무르고, 큰 스승에게 가서 배워야 한다. 그래야만 사벽(邪僻)을 끊고 중정(中正)을 가까이할 수 있고 바른 말을 들을 수 있다.

예전에 복엄양아(福嚴良雅)[7] 스님은 진여모철(眞如慕喆, ?~1095) 스님의 목표와 취향이 존중할 만하다고 늘 아꼈는데, 그가 어떤 사람들을 따라다니는지 몰랐다. 하루는 모철스님이 대영도관(大寧道寬)[8]·장산찬원(莊山贊元, ?~1086)[9]·취암가진(翠巖可眞, ?~1064)[10] 스님과 함께 가는 것을 보고는 기쁨을 누르지 못하고 그에게 말하였다.

"선문(禪門)의 용상(龍象)인 모든 큰스님들을 따르며 배우고 있으니, 뒷날 무너지는 우리 도(道)를 지탱해 주고 조사의 가르침을 드러내어 대중을 구제하는 일은 진실로 내가 여러 사람에게 이러니 저러니 할 일이 아니겠군." 『일섭기(日涉記)』

8

담당스님이 묘희스님에게 말하였다.

"참선은 깊은 사려와 뛰어난 투지를 요한다. 다른 사람에게 미덥게 보이기 위해서나 혹은 권세와 이익을 따르느라 말과 행동을 구차하게 굽히지 말아야 한다. 그러면 자연히 도반에게 나쁜 본보기가 되지 않을뿐더러 당시 사람들이 치켜 올리거나 깎아 내리지 못하게 된다." 『보봉기문(寶峰記聞)』

9

나는 옛날 영원유청(靈源惟淸, ?~1117) 스님과 함께 장강사(章江寺)에서 회당조심(晦堂祖心, 1025~1100) 스님을 모시고 있었는데, 영원스님이 하루는 두 스님과 함께 성(城)에 들어갔다가 늦게야 돌아왔다. 회당스님이 "오늘 어디엘 갔었는고?" 하고 묻자 영원스님이 말하였다.

"마침 대녕사(大寧寺)에 갔다 오는 길입니다."

그때 사심(死心, 1043~1116)[11]스님이 곁에 있다가 엄하게 따졌다.

"참선하여 생사를 해탈하고자 한다면 무엇보다도 말이 솔직해야 합니다. 유청 사형께서는 어떻게 거짓을 말할 수 있습니까?"

영원스님은 얼굴을 붉히며 감히 대꾸를 못하였고 그 뒤부터는 성안에 들어가지도 않았으며, 허망한 말을 꺼내지도 않았다. 나는 영원스님과 사심스님 모두가 훌륭한 그릇임을 이 사건으로 알게 되었다.『일섭기(日涉記)』

10

영원스님은 경사(經史) 읽기를 좋아하여 밥 먹고 쉬는 사이에도 잠시도 쉬지 않았으며, 책을 외어야 읽기를 그만두었다. 회당스님이 그 일을 꾸짖자 영원스님이 말하였다.

"많은 노력을 하는 사람은 거두는 공도 크다는 말을 들었습니다. 그러므로 태사(太史) 황노직(黃魯直, 황정견)도 말하기를, '유청 사형께서 배우기를 좋아하는 것은 주리고 목마를 때 마시고 먹을 것을 찾듯 하나, 번거롭고 화려한 이양(利養)은 악취를 보듯 합니다.'라고 하였습니다. 이는 자연스러운 천성으로서 억지로 그렇게 하려는 것이 아닙니다."『췌우집(贅疣集)』

주
:

1 담당문준(湛堂文準) : 임제종 황룡파. 진정극문(眞淨克文, 1025~1102) 스님의 법을 이었으며, 남악의 13세 법손이다.
2 중국 춘추전국시대(기원전 8세기~기원전 3세기)에 활약한 학자와 학파의 총칭으로 수많은 학파들을 의미한다.
3 중국 삼국시대 촉(蜀)나라의 재상 제갈공명(諸葛孔明, 181~234)의 상주문(上奏文). 위(魏)나라 토벌을 위한 출진(出陳) 때, 촉제(蜀帝) 유선(劉禪)에게 바친 글로서, 전후 두 편인데 전편은 227년에 지어졌고, 후편은 대략 228년에 지어진 것으로 알려져 있다. 제갈공명의 진정(眞情)을 토로한 정열적인 고금(古今)의 명문으로 알려져 있다.
4 『선문염송』 제408칙.
5 취암가진(翠岩可眞, ?~1064) 스님의 법을 이은 대위산(大潙山)의 진여모철(眞如慕喆, ?~1095) 스님.
6 노직(魯直)은 시인 황정견(黃庭堅, 1045~1105)의 자(字)이다. 호는 산곡(山谷) 또는 부옹(涪翁)이다. 소식(蘇軾) 문하인의 제1인자이며 소식과 함께 북송 시인의 대표이다. 회당조심(晦堂祖心, 1025~1100)의 제자이다.
7 동산수초(洞山守初, 910~990) 스님의 법을 이었다.
8 석상초원(石霜楚圓, 986~1040) 스님의 법을 이었으며, 남악의 11세 법손이다.
9 석상초원(石霜楚圓, 986~1040) 스님의 법을 이었으며, 남악의 11세 법손이다.
10 석상초원(石霜楚圓, 986~1040) 스님의 법을 이었으며, 남악의 11세 법손이다.
11 황룡오신(黃龍悟新)을 가리킨다. 회당조심(晦堂祖心, 1025~1100) 스님의 법을 이었다. 말년에는 스스로 사심수(死心叟)라고 칭하였다.

13

화복과 길흉은 한 울타리 안에 있다

영원유청(靈源惟淸, ?~1117)[1]

1

영원유청(靈源惟淸) 스님이 서주(舒州) 태평사(太平寺)에 머무를 때, 불안청원(佛眼淸遠, 1067~1120) 스님이 대중을 대함에 늘 빈틈이 없어 큰 실수를 저지르지 않는 것을 보고는 그 요점을 묻자, 이렇게 대답하였다.

"일을 할 때에 차라리 여유있게 하느라고 범하는 실수는 있을지언정 다급한 데서 실수하면 안 되며, 간략한 데서 실수할지언정 자세한 데서 실수해서는 안 된다. 다급하면 고칠 수 없고, 자세하면 용납할 곳이 없기 때문이다. 중도(中道)를 지키면서 여유 있게 상대하면 대중을 대하여 일을 주관하는 법도에 맞는다 하겠다." 『습유(拾遺)』

2

영원스님이 장령수탁(長靈守卓, 1065~1123) 스님에게 말하였다.

"도가 펴지는 것도 원래 자연스러운 시기가 있는 법이다. 지난날 자명(慈明)스님이 형초(荊楚)²에서 마음을 놓아버리고 수치와 모욕을 참으며 지낼 때,³ 사람들은 스님을 대수롭지 않게 여겼으나 스님은 그저 웃을 뿐이었다. 어떤 이가 그 까닭을 묻자 이렇게 대답하였다.

'빙 둘러싼 큰 성(城)과 기와조각이 부딪치면 상대가 안 된다는 사실을 나는 안다.'

신정(神鼎, 802~901)스님⁴을 뵙고 난 후, 명예가 총림에 퍼져 결국은 임제(臨濟, 767~866)스님의 도를 일으켰다."

아아, 도와 시기를 구차하게 억지로 할 수 있겠는가. 『필첩(筆帖)』

3

영원스님이 황태사(黃太史, 황정견)에게 말하였다.

"옛사람이 이렇게 비유하였다.

'땔나무 더미 아래에다 불을 지피고 그 위에 누워 있으면서 아직 불붙지 않았다고 태평하게 여긴다.'

이 말은 실로 안위의 기미와 생사의 이치를 비유한 것으로서, 밝게 뜬 해처럼 그 사이에는 털끝만큼도 용납하지 못한다. 사람들은 평소 한가히 지낼 때는 생사 문제를 염려하는 경우가 드물다. 그러다가 하루아침에 예측하지 못한 데서 일이 터져 나오면 아무리 팔 걷어 부치고 발버둥치며 구해 보려 하나 끝내 어찌할 수가 없다."
『필첩(筆帖)』

4

영원스님이 불감(佛鑑, 1059~1117) 스님에게 말하였다.

"대체로 동산(東山) 사형의 편지를 받아 보면 한 번도 세상일[世諦]에 관해 말씀한 적은 없고, 정녕 몸을 잊고 도를 널리 펴 후학을 이끌어 주는 일뿐이었다. 지난번 편지에서 말씀하셨다.

'가뭄으로 입은 농사 피해, 나는 그것을 하나도 걱정하지 않는다. 다만 선가(禪家)에 안목(眼目) 없는 것이 걱정일 뿐이다. 올 여름 안거에 100여 명이 큰방에서 개에게는 불성이 없다[狗子無佛性]는 화두5를 들고 있으나 한 사람도 알아낸 이가 없으니, 이것이 근심스러울 뿐이다.'

참으로 지극하신 말씀이다. 살림이 잘 다스려지지 않음을 근심하고, 관리에게 미움 사서 책망 들을까를 두려워하며, 명성과 지위가 드날리지 않을까 염려하고 자기 권속이 적지나 않을까 두려워하는 자와는 실로 천지차이라 하겠다. 매양 생각해 보아도 이치에 맞는 이런 말을 어떻게 다시 들을 수 있겠는가.

우리 조카 그대가 법손[嫡嗣]이 되어 제 힘껏 가풍을 진작하려면 당연히 종도(宗徒)들의 여망에 부응해야 하리니, 이 점을 간절히 비는 바이다." 『섬시자일록(蟾侍者日錄)』

5

맷돌을 돌리면 깎이는 것이 보이지는 않지만 어느 땐가 다하고, 나무를 심고 기르면 자라나는 것이 눈에 띄지는 않아도 어느새 크게 자란다. 덕을 쌓고 거듭 실천하면 당장은 훌륭한 점을 모르나 언젠가는 쓰이고, 의리를 버리면 그 악한 것을 당장은 모른다 해도 언젠가는 망한다. 배우는 사람이 충분히 생각하고 이를 실천하면 큰 그릇[大器]을 이루어 명예로운 이름을 남길 것이다. 이것이 고금에 변치 않는 도이다. 『필첩(筆帖)』

6

영원스님이 혜고(惠古)스님에게 말하였다.

"화복은 서로 맞물려 있고 길흉도 한곳에 있는데 사람 스스로가 이것을 부를 뿐이니, 어찌 깊이 생각지 않을쏘냐. 혹 기쁘거나 성난 감정을 멋대로 부린다면 관대하던 포용력이 좁아지고, 사사로운 마음으로 사치하며 남이 하자는 대로 따라가면 이는 모두 주지의 급무가 아니며, 실로 방자함의 싹이자 재앙의 바탕이다." 『필첩(筆帖)』

7

영원스님이 이천(伊川, 1033~1107) 선생⁶에게 말하였다.

"재앙이 복을 일으킬 수도 있고 복이 재앙을 일으킬 수도 있다. 재앙에서 복이 나온다 함은, 재액이 생기려 할 때에 간절히 무사하기를 생각하고 깊이 이치를 구하면 마침내 공경하고 조심하게 되므로 재앙이 복이 되는 것이 마땅하다는 말이다. 복에서 재앙이 생긴다 함은 거처가 편안하고 느긋할 때는 원하는 대로 사치를 부리며 방종하여 교만과 게으름에 빠지며, 경솔하고 태만한 경우가 많으므로 그 때문에 재앙이 생기는 것이 마땅하다는 말이다.

성인이 말씀하시기를, '어려움이 많으면 뜻을 이루고, 어려움이 없으면 몸을 잃는다.'고 하셨다. 얻는 것이 있으므로 잃게 되며, 잃기 때문에 또 얻게 된다. 이로써 복은 요행으로 구하지 못하며, 복을 얻는 것도 그저 틈을 엿보기만 하여 되는 것이 아님을 알 수 있다.

복스럽게 살 때 재앙을 염려하면 그 복을 보전할 수 있고, 얻고 난 뒤에도 잃을까 염려하면 얻을 것이 반드시 이어져 간다. 그렇기 때문에 군자는 편안할 때 위태로움을 잊지 않고, 다스려졌을 때에도 혼란함을 잊지 않는다."『필첩(筆帖)』

8

영원스님이 이천 선생에게 말하였다.

"사람들은 자기 모습이 남는 것을 싫어하여 그림자가 질까 두려워하며 등지고 도망가려 한다. 그러나 빨리 도망갈수록 자취는 더욱 많아지며, 그림자도 더욱 빨라진다. 도망가기를 그치고 그늘에 들어가 그림자가 스스로 없어지고 자취도 자연스럽게 끊어지게 하느니만 못하다. 일상생활에서 이 점을 분명히 한다면 앉은자리에서 이 도에 나아가리라." 『필첩(筆帖)』

9

주지가 되어서 그 지위가 하는 일보다 넘어서는 자는 대체로 끝까지 잘 마무리 짓는 경우가 드물다. 그것은 아마도 복덕이 천박하고 도량이 좁으며 지식이 보잘 것 없는데다가 훌륭한 이를 따라 애써 바른 도리를 배움으로써 자기를 넓히지 못했기 때문에 그렇게 된 것이리라. 『일록(日錄)』

10

영원스님은 각범(覺範, 1071~1128)스님[7]이 좌천되어 영남 지방의 바닷가로 귀양 갔다는 소문을 듣고 탄식하였다.

"한길에 심어진 난초는 한 철을 푸르지 못하고, 깊은 골짜기에 사는 계수나무는 몇 년 된 목단을 품을 만한 아름드리가 된다. 예나 지금이나 재주와 지혜가 있는 사람이 몸을 다치거나 비방으로 재앙에 걸리는 자는 많고, 세상과 함께 떴다 가라앉았다 하며 몸을 보존한 자를 찾아보자면 소수에 불과하다.

그러므로 성인이 말씀하시기를, '당세에 총명하고 사려 깊은 자로서 거의 죽을 뻔한 사람은 남에 대해 이런저런 말하기를 좋아하는 자이며, 굉장한 말재주로 자기를 위태롭게 하는 자는 남의 단점 들춰내기를 좋아하는 사람이다.'[8] 하셨는데 각범스님에게 이런 문제가 있었다 하겠다.』『장강집(章江集)』

11

영원스님이 각범스님에게 말하였다.

"그대가 남쪽 지방에 있을 당시『능엄경(楞嚴經)』을 공부하여 특별히 주석을 썼다 하던데, 이것은 모자란 나로서는 원치 않는 바이다. 문자공부로는 자기 성품의 근원을 밝힐 수 없을뿐더러 후학들이 부처님의 지혜안을 얻는 데 장애만 줄 뿐이니, 그것은 남을 통해 이해함으로써 스스로 깨치는 방편을 막아 버리는 데 병통이 있기 때문이다. 그러므로 말재주만 늘리면 천박한 지식만 성해지고 알음알이를 틔워 주면 끝내 묘한 깨달음을 극진히 하기는 어렵다. 그리하여 결국에는 이해와 실천이 맞지 않고 늘 보고 듣는 것이 더욱 어두워지는 것이다."『장강집(章江集)』

12

도를 닦는 사람은 일거일동과 모든 언행을 반드시 살피고 돌아보아야 한다. 말이 적다고 해서 반드시 어리석은 사람은 아니며, 말 잘하는 자라고 해서 꼭 지혜로운 것도 아니다. 또한 촌스럽고 소박한 자라고 해서 반드시 패류아는 아니며 공순(恭順)하다고 해서 꼭 충성스러운 것도 아니다. 그러므로 선지식은 말만으로 상대방의 마음을 다 헤아리지 않고 자기 생각만 가지고 납자를 선별하지도 않는다.

강호(江湖)에 떠도는 납자라면 누군들 도를 구하고 싶지 않겠는가마는 그 가운데서 분명하게 깨닫고 이치를 본 자는 천백에 하나도 없다. 이 상황에서 자신을 닦는 데 힘쓰고 이제껏 배운 것을 모아 덕을 갖추는 데에는 30년이 걸려야 한다. 그러다가 우연히도 일 하나 잘못되어 총림이 그를 버린다면 종신토록 꼼짝 못하게 된다.

그러나 열두 대의 수레를 비출 수 있는 굉장한 구슬에게도 더 나은 상대가 있기 마련이고, 죽 이어진 커다란 성곽과 바꿀 만한 구슬인들 어떻게 흠집이 없을 수 있겠는가. 그러니 범부 유정(有情)으로서 어찌 허물이 없을 수 있겠는가.

공부자(孔夫子)는 성인이셨으나 그래도 '나에게 몇 년의 시간이 주어져 『주역(周易)』을 배울 수 있다면 큰 허물은 없을 텐데.'9라고 말씀하셨다. 경전에서도 말하기를, '사념이 일어날까 두려워하지 말고 깨달음이 더디어질까를 염려해야 한다.'고 하였다. 더구나 성인이나 성현이 되지 못한 사람이라면 누구인들 과실이 없겠는가. 선지식쯤 되어야 정도가 다른 모든 근기를 빠뜨리지 않고 남을 다

곡진하게 완성시켜 줄 수 있다.

'솜씨가 뛰어난 목수는 수레바퀴냐 서까래냐의 쓰임새를 따라 굽었거나 곧거나 못 쓰는 재목이 없으며, 훌륭한 말몰이는 험하고 평이한 길에 적합하도록 고름으로써 노둔한 말이든 천리마든 본성을 잃음이 없게 한다.'는 것도 이런 뜻에서 하는 말이다.

다른 것도 이와 같다면 사람도 마땅히 그러하리라. 가령 인재를 선택하는 일에 애증(愛憎)의 감정을 따르고, 합심하느냐 갈라서느냐의 문제도 취향이 같으냐 다르냐에 매인다면 이는 자[繩墨]¹⁰를 버리고 곧고 굽은 것을 마름하며, 저울을 버리고 무게를 다는 것과 같다. 비록 꼼꼼하게 했다 해도 틀린 데가 나오게 마련이다.

13

훌륭한 주지라면 대중의 마음으로 자기 마음을 삼아 마음을 사사롭게 하지 않으며, 대중의 이목(耳目)을 자기 이목으로 삼아 자기 이목을 개인적으로 하지 않아야 한다. 그래야 비로소 대중의 뜻을 훤히 알고 여러 사람의 심정을 극진히 할 수 있다.

대중의 마음으로 자기의 마음을 삼으면 좋고 싫은 감정을 바로 대중과 함께하여 좋아해도 삿되지 않고 싫어해도 어긋나지 않게 된다. 그러니 무엇 때문에 자기 속마음에 사사롭게 맡겨 아첨을 달게 받아들이겠는가.

대중의 이목을 자기 이목으로 삼는다면 모든 사람의 밝은 귀와 눈이 다 내 것이 된다. 그러므로 밝은 눈으로는 비춰 보지 못할 것이 없고 밝은 귀로는 듣지 못할 것이 없으리니, 굳이 무엇 때문에 자기 이목만을 믿어 미혹에 가림을 자초하겠는가.

　속마음을 털어놓고 대중의 이목을 믿는 경우란 어질고 지혜로운 인재가 자기 허물 고치기를 힘쓰고 대중의 바람에 부응할 때뿐이니, 여기에는 치우침이나 사사로움이 없어서 누구나 다 마음을 귀의하게 되는 것이다. 그러므로 도덕과 인의가 멀리 퍼지는 것이 당연하다 하겠다. 그러나 어리석은 사람은 애써 남의 허물이나 들춰내려 하며 대중의 여론을 따르지 않고 자기중심적으로 된다. 때문에 대중의 마음이 그에게서 다 떠난다. 그러므로 악한 명성과 거친 행동이 멀리 퍼지는 것이 당연하다 하겠다.

　이로써 알아야 할 것은 주지되는 사람이 대중의 바람에 부응하면 현철(賢哲)하다는 소리를 듣고, 대중의 바람을 저버리면 용렬한 무리라고 낙인찍힌다는 것이다.

　대체로 속마음을 털어놓느냐, 자기 이목에 맡기느냐가 다르기 때문에 선악과 성패가 이렇게 상반되는 것이다. 이는 허물을 고쳐 가는 사정이 다르고 사람을 쓰는 방법이 같지 않아서 그렇지 않겠는가.

14

　요즈음 큰스님이라 하는 이들 중에 두 가지 경계에 끄달려서 지식(智識)이 분명치 못하며, 두 가지 잘못된 풍조에 빠져 법다운 체모를 잃는 경우를 많이 보게 된다. 첫째는 마음에 거슬리는 경계를 마주하면 오그라드는 태도에 빠지는 경우이며, 둘째는 마음에 드는 경계를 받아들여 편리함만을 찾는 풍조에 빠지게 되는 경우이다.

이러한 두 가지 풍조에 빠지고 나면 마음속에는 희로(喜怒)의 감정이 엇갈리고 우울하고 발끈하는 기색이 얼굴에 드러나니, 이는 불교 문중에 먹칠하고 지성인들의 비웃음과 꾸지람을 사게 되는 소치이다. 지혜로운 사람이라야만 훌륭하게 받아들여 교화하는 방편을 자유롭게 쓰면서 후학을 잘 인도할 수 있다.

가령 낭야광조(瑯琊廣照) 스님[11] 같은 경우, 소주(蘇州)에 가서 범희문(范希文, 989~1052)[12]과 만났을 때, 거기에서 신도들이 바친 시주물과 돈 천여 꿰미를 받고는 가만히 사람을 보내 성에 있는 모든 사찰의 대중 숫자를 계산해 보고 모두에게 남모르게 돈을 보냈다. 마침 그날은 여러 사람이 모일 단(檀)을 만들어 재(齋)를 베푸는 날이었는데, 이른 새벽에 희문에게 미리 인사하고 배로 떠나 버렸다. 날이 밝아서야 대중들은 그가 이미 떠나 버렸다는 것을 알았으며, 쫓아간 사람은 상주(常州)에 이르러서야 그를 뵙고 유익한 법문을 듣고 되돌아왔다 한다.

이 노덕(老德)의 몇 가지 사례를 살펴보았더니 고소(姑蘇)[13]의 승속 모두에게 신심을 일으키고 도의 종자를 더욱 깊게 심어 주었다.

스님은 사람을 받아들여 교화하는 방편을 자유롭게 운용했다 할 만하니, 법의 지위를 훔쳐 재물에 구애받으며 자기 한 몸만을 도모하는 자와는 천지차이라 하겠다.『덕스님에게 주는 글[與德和尚書]』

15

문정공(文正公, 범희문)이 낭야스님에게 말하였다.

"작년에 여기에 와서 법담을 나눌 만한 스님을 찾아보았습니다. 그리하여 한 관리에게 곳곳에 좋은 스님이 계시는가를 물어보았더니, 그는 북사(北寺)14인 서광사(瑞光寺)에 계신 희(希)·무(茂) 두 스님이 훌륭하다고 가르쳐 주었습니다. 나는 이밖에 다른 선원과 율원에는 별다른 분이 없는지를 다시 물었더니, 그 관리는 나에게 이렇게 대답하였습니다.

'유가(儒家)에서는 선비다운 행을 존중하고, 불가(佛家)에서는 덕업(德業)을 논합니다. 그런데 희(希)·무(茂) 두 스님은 30년 동안 문 지방을 넘지 아니하고 흰 베옷만 걸치며 명성과 재물에는 결코 걸림이 없었습니다. 그러므로 그 지방 사람들이 그의 지조와 실천을 높이 사서 스승으로 받듭니다. 법좌(法座)에 올라 설법을 하며 부처님을 대신해 교화를 드날리는 경우에는 근기에 따라 자재하게 설하시니, 선지식이라 일컬어지는 스님들을 저같이 어두운 관리가 알아볼 수 있겠습니까.'

그리하여 한가한 날, 두 분 큰스님을 방문하여 평소의 행동을 살펴보았더니 관리의 말 그대로였습니다. 나는 물러나서 생각해 보았습니다. 예로부터 소(蘇)·수(秀) 지방[15]의 풍속이 좋다더니, 지금 늙은 관리를 살펴보건대 군자와 소인의 우열을 분간하고 있었습니다. 더구나 식자(識者)이겠습니까."

낭야스님은 말하였다.

"관리의 말과 같다면 실로 높이 평가할 만하니 이를 기록하여 아직 듣지 못한 사람을 깨우치기 바랍니다."『낭야별록(瑯琊別錄)』

16

종산찬원(鐘山贊元) 스님은 평소에 높은 벼슬아치와 사귀지 않아서 명예와 이익에 구애받지 않았으며 겸양으로 자신을 기르고 도닦는 일로 낙을 삼았다. 사대부들이 그에게 세상사에 응해 줄 것을 처음 권했을 때 그는 이렇게 대답했다.

"진실로 좋은 터전이 있다면 늦게 되는 것쯤이야 무얼 그리 근심하겠는가? 아무튼 가재도구가 모자랄까 근심하는 정도면 그만이지."

형공(荊公, 왕안석)이 이를 듣고 말하였다.

"새들이 기미를 살피고 날아올랐다가 빙 돌고 나서 다시 내려앉는다[16] 하더니 그 스님이야말로 이 도리를 터득한 사람이라 하겠다."『췌우집(贅疣集)』

17

옛 스님[先哲]이 말하기를, "수행하는 과정에서는 깨닫기가 어렵고, 깨닫고 나서는 지키기가 어려우며, 지키고 나면 실천에 옮기는 일이 어렵다."고 하였는데,[17] 지금 막상 실천하려고 보니 깨닫고 지키는 것보다 더 어렵다.

그 이유는 깨닫고 지키는 일은 굳세고 열심히 정진하여 혼자서 힘쓰면 될 뿐이지만, 실천에 옮기는 것은 반드시 평등한 마음으로 죽기를 맹세하고 자기를 덜어내어 남을 이롭게 한다는 책임을 짊어져야 하기 때문이다.

그러므로 평등하지 못하고 결심이 굳지 못할 경우, 자신을 덜어 남을 이롭게 하는 일이 뒤바뀌어 세속과 영합하는 중이 되니, 두려워해야 한다.

18

동산(東山) 사형[18]께서는 천성이 뛰어나 모든 일상이 법도에 맞았다. 평소에 하신 법문은 그 이치가 자연스럽고 훌륭하여 제방(諸方)에서 이를 본뜨고자 하였다. 그러나 그들의 논리는 궤변이거나 속되지 않으면 과장되고 고루하여 끝내 스님을 따라갈 수가 없었다. 또한 옛날 사람들 중에서도 찾으려야 찾을 수 없는 분이었다.

그러나 사형께서는 겸손한 마음으로 자기 잘난 점을 누그러뜨리고 주리고 목마른 사람보다 더 간절히 중생을 이끌어 주셨다. 언젠가는 이렇게 말씀하셨다.

"나에게 법이 없는데 어떻게 제자(諸子)를 지도할 수 있겠는가. 참으로 불법 문중의 죄인이다."

19

영원스님은 도를 배우고 의리를 실천하는 데에 순진하고 후덕하여 옛사람의 격조를 지녔으며, 진중한 태도에 말수가 적어서 더욱 사대부들의 존경을 받았다.

한번은 이런 말을 한 적이 있다.

"보통사람들이 소홀히 여기는 것을 성인들은 신중히 여기는 법이다. 더구나 총림의 주지가 되어서 부처님을 도와 교화를 펴려 한다면 깨달음과 행동[解行]이 부합하지 않고서야 되겠는가. 중요한 점은 그때그때마다 단속하고 자책하여 명예나 물질을 구하는 마음이 속에서 싹트지 않도록 하는 것이다. 혹 법령(法令)이 미덥지 못하여 납자들이 잘 따르지 않을 경우가 있으면 물러나 생각해 보고 덕을 닦아 다가올 때를 기다려야 한다. 자신이 바른데도 총림이 다스려지지 않는 경우는 이제껏 없었다."

이른바 덕 있는 이의 용모만 보아도 사람들의 물든 생각이 싹 없어진다고 하는 이야기이니, 진실됨이 실로 여기에 있기 때문이다. 『기문(記聞)』

20

영원스님이 원오극근(圜悟克勤, 1063~1135) 스님에게 말하였다.

"납자에게 도를 볼 수 있는 자질이 있다 해도 깊이 새겨 두고 더욱 발전시켜 주지 않으면, 그 도를 운용하는 면에서 반드시 모가 나고 급하게 된다. 이렇게 되면 불교 문중에 도움이 안 될 뿐 아니라 재앙과 오욕을 부를까 염려스러울 뿐이다."『우 찰원에게 보내는 글 [與虞察院書]』

주
:

1 영원유청(靈源惟淸) : 임제종 황룡파. 17세에 연은원(延恩院)의 법안(法安) 스님을 방문하고, 그 후 황룡산의 회당조심(晦堂祖心, 1025~1100) 스님의 법을 이었다.
2 중국의 양자강(揚子江) 중류 유역을 중심으로 한 지역.
3 아직 때가 되지 않음을 알고서 많은 사람 속에서 방탕한 모습을 보였다.
4 담주 신정사 홍인(洪諲)스님. 수산성념(首山省念, 926~993) 스님의 법을 이었고, 남악의 9세 법손이다. 평소에 헌 누더기만으로 겨울과 여름을 지냈다. 자명스님이 긴 머리에 다 떨어진 옷을 입고 찾아오니 "분양에게 서하(西河)의 사자(師子)가 있다더니 바로 이 사람인가." 하였다. 두 사람이 법담을 나눈 후 이내 자명스님을 떠나갔다.

5 『선문염송』제417칙.
6 이천(伊川) 선생은 송나라 도학의 대표인 정이(程頤)를 가리키는 호칭이다. 형인 정명도(程明道)와 함께 성리학과 양명학 원류의 한 사람이다.
7 혜홍각범(慧洪覺範) : 임제종 황룡파. 진정극문(眞淨克文, 1025~1102) 스님의 법을 이었으며, 남악의 13세 법손이다. 청량덕홍(淸涼德洪)이라고도 하고 적음(寂音) 존자라고도 불렸다. 『임간록(林間錄)』, 『선림승보전(禪林僧寶傳)』 등을 저술하였다.
8 『사기(史記)』「열전(列傳)」에서 공자를 만난 노자가 공자에게 들려주는 말이다.
9 "猶以五十學易(유이오십학역) 無大過(무대과)." 『논어』「술이(述而)」.
10 목수가 나무를 만질 때 치는 먹줄이 승묵(繩墨)이다. 실에 먹물을 묻혀 나무 위에다 댄 뒤 튕겨주면서 긋는 금이다. 천연의 나무를 사람의 구미에 맞게 자르고 깎을 때 반드시 필요한 기준에 해당한다.
11 낭야혜각(瑯琊慧覺) : 분양선소(汾陽善昭, 946~1023) 스님의 법을 이어받은 뒤 낭야산에서 학인을 지도하였다. 운문종의 설두중현(雪竇重顯, 980~1052) 스님과 함께 세인들에게 그 당시의 2대 감로문(甘露門)이라고 불렸다.
12 범중엄(范仲淹) : 자는 희문(希文). 중국 북송(北宋)의 정치가이자 학자.
13 현재의 강소성(江蘇省) 소주시(蘇州市).
14 현재의 소주(蘇州).
15 중국의 소주(蘇州)와 수주(秀州) 지역을 말한다.
16 『논어(論語)』「향당(鄉黨)」.
17 『도덕경(道德經)』 감산(憨山) 주(註) 28장.
18 불감혜근(佛鑑慧勤, 1059~1117).

14

도는 믿음에 달려 있고
믿음은 진실에 달려 있다

원오극근(圜悟克勤, 1063~1135)[1]

1

도를 배우는 일은 믿음에 달려 있고, 믿음을 갖게 하는 것은 진실[誠]에 있다. 마음속에 진실이 있어야 대중들이 의심하지 않으며, 자기에게 믿음이 있어야 솔직하게 남을 가르칠 수 있으니, 생각건대 믿음과 진실은 도움만 될 뿐 하나도 손해될 것은 없다. 그러므로 진실이 한결같지 못하면 마음을 보존할 수 없고, 믿음이 전일하지 못하면 말을 실천할 수가 없다는 사실을 알 수 있다. 옛사람도 말하기를, "옷 입고 밥 먹는 일은 그만두더라도 믿음과 진실을 잃어서는 안 된다."고 하셨다.

오직 선지식만이 믿음과 진실로 남을 가르칠 수 있으니, 마음이 진실하지 못하고 일 처리를 미덥지 못하게 한다면 선지식이라 할 수 있겠는가?

『주역(周易)』에서도 "천하의 지성(至誠)이라야 마침내 자기 본성을 극진히 하고, 자기 본성을 극진히 한다면 다른 사람의 본성도 극진히 할 수 있다."[2]고 하였다.

자신도 극진히 하지 못하고서 다른 사람이 극진하기를 기대한다면 대중들은 반드시 속이고 따르지 않을 것이다. 또한 자신이 앞에서 진실하지 못했으면서 뒷사람더러 진실하라고 말한다면 대중들은 반드시 의심하고 믿지 않을 것이니, 이른바 "머리털을 깎다가 살까지 베이게 되고 손톱을 깎다가 손가락을 베이게 된다."고 한 것이다.

실로 진실이 지극하지 않으면 상대가 감동하지 않고, 손해를 보지 않으면 이익도 오지 않는다. 대체로 진실과 믿음에서는 잠시도 떠나 있어서는 안 된다는 것이 분명하다. 『우 찰원에게 보내는 글[與虞察院書]』

2

사람이라면 누구인들 허물이 없겠는가마는 허물을 고칠 수 있으면 이보다 더 큰 장점은 없다.[3] 예로부터 모두가 허물을 고쳐 나아지는 것을 칭찬하였지 허물이 아예 없는 것을 좋다고 하지는 않았다.

사람이 일을 해나가는 데 허물과 착오가 생기는 것은 지혜롭든 어리석든 간에 모두 면하지 못한다. 그러나 지혜로운 사람은 허물을 고쳐 착한 쪽으로 갈 수 있지만 어리석은 사람은 대부분 허물을 덮고 잘못을 꾸민다. 착한 쪽으로 옮겨가면 그의 덕은 날로 새로워지는데 이를 군자(君子)라 부르며, 과오를 꾸미면 그 악은 더욱 드러나는데 이를 소인(小人)이라 한다.

그러므로 바른 도리를 듣고 실천에 옮기는 것은 일반 사람의 마음으로는 어렵게 여겨지지만 착한 것을 보고 즐거운 마음으로 따르는 것은 어질고 덕스러운 이들이 높이 사는 일이다. 그대들에게 바라는 것은 말 밖에서 서로를 잊어야 한다는 것이다. 『문 주부에게 주는 글[與文主簿]』

3

스승 오조법연(五祖法演, ?~1104) 스님께서 말씀하셨다.

"큰스님[長老] 중에는 도덕으로 사람을 감동시키는 이도 있으며 세력으로 사람을 복종시키는 이도 있다. 마치 난새나 봉새[鸞鳳]가 날면 모든 새들이 다 좋아하나, 호랑이가 지나가면 모든 짐승들이 두려워하는 것과도 같다. 이렇게 겉으로 따르는 모습은 하나로 나타나지만, 사실상 품격은 천지차이로 갈라진다." 『췌우집(贅疣集)』

4

원오스님이 호구소륭(虎丘紹隆, 1076~1136) 장주(藏主)[4]에게 말하였다.

"총림을 다스리고 싶어는 하면서도 대중의 마음을 얻는 데 힘쓰지 않는다면 총림이 잘 다스려지지 못한다. 또한 인심을 얻는 데만 힘쓰고 아랫사람 대접에 소홀하면 인심을 얻지 못한다. 그렇다고 아랫사람 대접하는 데에만 급급해서 훌륭하고 못난 자를 분별하지 못하면 아랫사람을 제대로 대접할 수 없게 된다. 어질고 못난 사람을 분별하는 데 힘쓰면서, 자기 허물에 대해 언급하는 자는 미워하고 순종하는 자만을 좋아한다면 어질고 못난 자를 분별하지 못한다. 어질고 지혜로운 인재라야 누가 자기 단점을 헐뜯든지 자기를 따르든지에 관계없이 오직 도만을 따를 수 있다. 이 때문에 인심을 얻어 총림이 다스려지게 되는 것이다." 『광록(廣錄)』

5

주지는 대중의 지혜를 자기 지혜로 삼고 여러 사람의 마음을 자기 마음으로 삼아야 한다. 어느 하나라도 그 실정을 다하지 못하였는가, 일 하나라도 이치에 맞지 않았을까를 항상 염려하면서 부지런히 노덕(老德)을 방문하고 납자들을 받아들이는 데에 오로지 최선을 다해야 한다.

이치에 타당한가만을 살피면 될 뿐, 어찌 일의 규모를 따지겠는가. 이치에 맞다면 소비가 많다 해도 결행해야 하니, 해서 무엇이 손상되겠는가. 또한 잘못된 일이라면 용도가 작다 해도 물리쳐야 하니 그렇다고 해서 무엇이 해롭겠는가.

작은 것이 쌓여 큰 것이 되니 미세한 것은 분명한 것의 싹이다.

그러므로 훌륭한 사람은 시초부터 조심하고 성인은 조심하는 마음을 간직한다. 졸졸 흐르는 물을 막지 않으면 끝내 논밭이 바다로 변하고, 작은 불꽃을 끄지 않으면 마침내 큰 들판을 태워 버린다. 물줄기와 큰불이 커져 재앙이 되고 나면 어찌해 보고 싶어도 실로 어쩔 수 없다.

옛사람도 "작은 일을 조심하지 않으면 끝내는 큰 덕에 누를 끼친다."고 하였는데 이런 뜻으로 한 말씀이다.『불지에게 주는 글[與佛智書]』

6

원오스님이 경원포대(景元布袋, 1092~1146) 스님에게 말하였다.

"일반적으로 장로라는 직책을 맡아 부처님의 교화를 돕고 선양하려는 자라면 항상 남을 이롭게 하려는 마음을 가져야 한다. 이를 실천하면서도 뽐내는 마음이 없다면 미치는 범위가 넓고 구제되는 대상이 많아진다. 그러나 한 번이라도 자기를 뽐내고 능력을 과시하려는 마음이 있으면 요행을 바라는 생각과 어질지 못한 마음이 생겨난다."『쌍림석각(雙林石刻)』

7

원오스님이 묘희(妙喜, 1088~1163)스님에게 말하였다.

"모든 행동거지에 마무리와 시초를 조심해야 한다. 그러므로 시작에서 잘한 사람은 반드시 마무리도 훌륭하게 하니,[5] 마무리 단계도 시작할 때처럼 조심하면 잘못되는 일이 없다.[6]

옛사람은 '애석하다. 저고리를 만들다 말고 치마를 짓기 시작하니[7] 백 리 길이 구십 리에서 반이 되어 버렸구나.'[8]라고 하였는데, 이는 시작만 있고 마무리가 없음을 탄식한 말이다.

그러므로 『시경(詩經)』에서도 '어디에든 처음이야 다 있지만 마무리까지 잘 해내는 경우는 드물구나[靡不有初(미불유초) 鮮克有終(선극유종)]'하고 노래했던 것이다.

지난날 회당(晦堂, 1025~1100)스님은 '황벽(黃檗)과 유승(惟勝)스님도 대단한 납자였으나 단지 만년(晚年)에 잘못되었을 뿐이다.' 하였으니 그 처음이 잘된 것만 보고는 훌륭하다 할 수 없다." 『운문암집(雲門庵集)』

8

원오스님이 불감혜근(佛鑑慧懃, 1059~1117) 스님에게 말하였다.

"백운(白雲, 1025~1072) 노스님께서는 모든 일에 반드시 옛 법도를 상고하셨는데 언젠가는 이렇게 말씀하셨다.

'옛 법도를 상고하지 않은 일을 법답지 못하다고 한다. 나는 옛 성인들의 언행을 많이 배워 마침내 그분들의 뜻[志]을 이루게 되었다.[9] 그러나 단순히 옛것이라 해서 좋아한 것만은 아니다. 지금 사람들에게서는 본받을 만한 것이 없기 때문이다.'

스승(오조 법연스님)께서 늘 '노스님은 옛것만 고집할 뿐 시대의 변화를 모른다.'고 말씀하시자, 노스님은 '옛 도를 변질시켜 원칙을 뒤집는 것이 바로 요즈음 사람의 큰 병통이다. 나는 끝내 이런 짓은 안 할 작정이다.'라고 말씀하셨다." 『섬화상일록(蟾和尙日錄)』

주
:

1 원오극근(圜悟克勤) : 임제종 양기파. 어려서 출가하여 여러 곳의 고승을 찾아다니며 수행하다가 오조법연(五祖法演, ?~1104) 스님의 법을 이었다.
2 "惟天下至誠(유천하지성) 遂能盡其性(수능진기성) 能盡其性(능진기성) 則能盡人之性(즉능진인지성)." 『중용(中庸)』 제21장.
3 "人誰無過(인수무과) 過而能改(과이능개) 善莫大焉(선막대언)." 『춘추좌씨전(春秋左氏傳)』 권5.
4 지장(知藏)이라고도 한다. 선원의 6두수(頭首)의 제3위. 대장경을 보관하는 건물인 장전(藏殿)과 대장경을 열람하는 건물인 간경당(看經堂)을 관리하는 직책. 남송(南宋) 이후가 되면 간경당의 기능이 중료(衆寮)로 옮겨져 장주의 직무는 경장(經藏)의 관리가 주가 된다.
5 『악의열전(樂毅列傳)』.
6 『도덕경(道德經)』 64장.
7 『법언(法言)』 「수신편(修身篇)」. 『법언』은 양웅(揚雄)이 지은 저서 이름이다. 이 『법언』은 총 14편으로 되어 있는데, 이것은 양웅이 공자와 맹자를 본받고자 논어와 맹자가 각각 7권 14편으로 되어 있는 것에 착안하여 정치, 경제, 사회 역사, 문화 교육, 군사 등등 제반 제도와 문물을 총망라하여 자문자답 형식으로 이 한 권 속에 집중시키고 그것을 『법언』이라고 하였다.
8 『전국책(戰國策)』 「진책무왕편(秦策武王篇)」.
9 장상영(張商英)의 『호법론(護法論)』에 나오는 내용.

15

○

납자의 본연은 어디에도 끄달리지 않는 것이다

불감혜근(佛鑑慧懃, 1059~1117)[1]

●

1

불감혜근 스님이 태평사(太平寺)에서 지해사(智海寺)로 옮겨가게 되었다. 군수(郡守)인 증원례(曾元禮)가 이 말을 듣고 주지 후임으로 누가 마땅할까를 묻자, 스님은 수좌 지병(智鬲)스님을 천거하였다. 증공(曾公)이 지병스님을 한번 뵙고 싶어하자 불감스님이 말하였다.

"지병수좌는 강직한 성격이라 세속에는 생각이 멀어 아무것도 좋아하는 것이 없소. 간청해도 들어주지 않을까 염려스러운데 스스로 오려 하겠는가?"

증공이 굳이 그를 맞이하려 하자 지병수좌는 "이야말로 자신을 드러내 놓고 이름을 팔아 잘난 체하는 장로라는 것이군." 하고는 끝내 사공산(司空山)으로 도망을 가 버렸다.

증공이 불감을 되돌아보며 "부모만큼 자식을 아는 사람이 없군요." 하고는 즉시 모든 산에 명령하여 굳이 청하자 마지못해서 명

(命)에 응하였다. 『섬시자일록(蟾侍者日錄)』

2

불감스님이 불등사(佛燈寺) 수순(守珣, 1077~1134)스님에게 말하였다.

"고상한 인재는 명예와 지위를 영화롭게 여기지 않으며, 이치에 통달한 사람은 어떠한 곤란에도 꺾이지 않는다. 한편 은혜를 받으면 자기의 힘을 다 바치고 이익을 보고 정성을 다하는 것은 모두가 모자란 사람이나 하는 짓들이다."『일록(日錄)』

3

불감스님이 수좌 지병스님에게 말하였다.

"큰스님이라 불리는 사람이라면 반드시 무엇 하나라도 좋아하는 것이 없어야 한다. 하나라도 좋아하는 것이 있게 되면 외물(外物)의 해침을 당한다.

정욕[嗜欲]을 좋아하면 탐애심이 생기고, 물욕을 밝히면 분주하게 치닫는 생각이 일어난다. 또한 순종하기를 좋아하면 아부하며 소인에게 영합하고, 승부를 좋아하면 너다 나다 하는 대립이 산처럼 높아지며, 각박하게 재물 모으기를 좋아하면 탄식과 원성이 일어난다.

정리해 본다면 모두 한 마음에서 벗어나지 않으니, 마음이 일어나지 않으면 만법(萬法)이 스스로 끊어진다. 평생 얻은 것 중에 이보다 더 나을 게 없으니 그대는 힘써서 후학을 바로잡아야 하리라."『남화석각(南華石刻)』

4

스승 오조법연 스님께서는 근검 절약하여 발우(鉢盂) 주머니와 신주머니 하나를 백번 천번이나 꿰맸는데도 차마 버리지 못하셨다. 한번은 이렇게 말씀하셨다.

"이 두 물건이 같이 관문(關門)을 드나든 지가 겨우 50여 년밖에 안 되었다. 어떻게 도중에 버리겠는가."

천남(泉南)에 오상좌(悟上座)라는 이가 갈포(褐布)로 만든 좋은 옷을 보내면서 "이것은 바다 건너에서 나는 물건으로, 겨울에 입으면 따뜻하고 여름에 입으면 시원합니다."라고 말하였다. 스승[先師]께서는 "내게는 추위에는 땔감과 종이 이불이 있고 무더위에는 솔바람이 있다. 이를 쌓아 두어 어디에 쓰겠는가." 하고는 끝내 물리치셨다.『일록(日錄)』

5

스승께서는 진정극문(眞淨克文, 1025~1102) 스님이 입적했다는 소문을 듣고 신위(神位)를 모시고 공양을 준비했다. 그리고는 예법에 지나칠 정도로 슬피 통곡하더니 이렇게 탄식하셨다.

"참으로 드문 인재셨다. 도의 뿌리만을 볼 뿐 지엽은 찾지 않으셨는데, 애석하다, 이런 분이 일찍 가시다니! 스님의 도를 계승할 만한 자가 있다는 소문을 듣질 못했으니 강서(江西)의 총림이 이제부터 쓸쓸해지겠구나." 『일록(日錄)』

6

스승께서는 이렇게 말씀하셨다.

"백운(白雲, 1025~1072) 노스님은 평소에 마음이 관대하여 막힘이 없었다. 어떤 일이 바른 이치에 합당한지를 살펴보고 과연 할 만한 것이다 싶으면 뛸 듯이 몸소 솔선하였다. 또한 인격과 재능있는 사람 이끌어 주기를 좋아하였으며, 이해타산으로 영합했다 갈라섰다 하는 구차한 짓은 좋아하지 않고, 그저 초연한 마음으로 종일토록 우뚝하게 걸상에 앉아 있을 뿐이었다."

언젠가는 응시자(凝侍者)[2]에게 이렇게 말씀하셨다.

"도를 지키며 가난도 편안하게 여기는 것은 납자의 본분이니, 빈부 득실 때문에 지키던 것에서 변심하는 자와는 도를 논할 수 없다." 『일록(日錄)』

7

도를 근심하지 않으면 마음 단속이 멀지 못하고, 항상 안일하게 처신하면 의지가 굳건하지 못하다. 그렇기에 옛사람은 갖은 어려움과 험한 일을 겪은 뒤에야 진정한 편안함을 누렸다. 이는 대체로 일이 어려우면 의지가 굳건해지고 각고 끝에 사려가 깊어져, 전화위복하는 힘과 모든 외물의 유혹을 되돌릴 수 있는 능력이 생기기 때문이다.

납자들이 외물을 좇느라 도를 망각하거나 깨달음을 등지고 미혹으로 몸을 던지는 경우를 많이 보게 된다. 이런 부류는 자기의 못난 점을 꾸미고 남들이 지혜롭게 여겨 주도록 기만하면서 다른 사람의 모자란 점에 대해서는 엄격하고 남을 업신여기며 잘난 체한다. 이런 식으로 해서 다른 사람은 속여도 선지식을 속이지는 못한다는 사실은 모르며, 몇 사람 정도는 가릴 수 있어도 은폐하지 못할 공론(公論)이 있다는 사실은 알지 못한다. 그러므로 자신을 똑똑하다 여기는 자는 남에게 어리석게 보이며 스스로를 낮추는 사람은 남이 그를 고상하게 여긴다.

오직 현명한 자만이 이와 같은 잘못에 빠지지 않는다. 말하자면 일은 한도 끝도 없지만 사람의 능력에는 한계가 있는 법이니, 제한된 지혜로써 끝도 없는 일을 빈틈없이 해내자면 생각은 치우치고 정신은 지칠 대로 지쳐 결국은 도 닦는 데 지장을 초래한다.『조수자지[3] 스님에게 주는 글[與秀紫芝書]』

8

불감스님이 용아지재(龍牙智才, 1067~1138) 스님에게 말하였다.

"앞사람의 폐단을 개혁하고자 한다면 단박에 뜯어 고쳐서는 안 된다. 사람들이 의심하지 않도록 사정에 맞게 개혁해야 원한 없기를 바랄 수 있다.

내가 언젠가도 주지하는 데에 세 가지 비결이 있다는 것을 말한 적이 있다. 즉 일을 살피고, 능력껏 실천하며, 과감하게 결단함이다. 이 세 가지 가운데서 하나만 빠뜨려도 일을 살피는 것이 분명치 못하여 끝내는 사람들에게 변변치 않다는 평가를 받아 주지의 직책을 잘 해나가지 못하게 된다."

9

절의 주지를 맡은 자는 청정한 지조와 실천을 중요하게 생각하고 깊은 믿음으로 사방에서 찾아오는 납자들을 맞이해야 한다. 털끝만큼이라도 비루하고 구차한 일을 자신에게서 떨쳐 버리지 못한다면 드디어는 소인들에게 틈을 주게 된다. 그리하여 비록 옛사람과 같은 도덕이 있다 해도 배우는 사람들이 그를 믿지 못하게 된다. 『산당소참(山堂小參)』

10

불안청원(佛眼淸遠, 1067~1120) 스님의 제자로는 유일하게 고암선오(高庵善悟, 1074~1133) 스님만이 지공무사(至公無私)하여 보통 수준을 넘어섰다. 사람됨이 무엇이든 제 뜻에 맞는 것만 좋아하는 일이

없고 무슨 일에나 파벌로 사람을 발탁하는 경우가 없었다. 맑고 근
엄하며 공순하고 조심스러워 시종 명예와 절개로써 자신을 지켜
옛사람의 풍모가 있었으니, 요즈음에는 그와 비교할 만한 납자가
드물다.『경용학에게 주는 글[與耿龍學書]』

주
:

1 불감혜근(佛鑑慧懃) : 임제종. 오조법연(五祖法演, ?~1104) 스님의 법을 이
 었으며, 남악의 14세 법손이다.
2 보녕인용(保寧仁勇) 스님의 상수제자 처응(處凝)을 가리킨다. 천주산(天
 柱山)에 머물렀다.
3 조수자지(祖秀紫芝) : 황룡오신(黃龍悟新, 1043~1116) 스님의 법을 이었으
 며, 남악 14세 법손이다.

16

남에게는 엄격하고 자기에게 둔해짐을 경계하다

불안청원(佛眼淸遠, 1067~1120)[1]

1

대중에 임하는 태도는 평상시에도 반드시 정숙해야 하며, 손님과 대화할 때는 개인적으로 친한 사이라 해도 엄숙해야 한다. 수행인이라면 말 한마디, 모든 움직임에 앞서 충분한 사려를 거친 뒤에 실천에 옮길 것이지 갑자기 서둘러서는 안 된다.

혹 자신이 결단하지 못할 경우에는 나이 든 사람과 선지식을 찾아 자세히 자문을 구하여야 한다. 그리하여 지식을 넓혀 모자란 점을 보완하고 깨닫지 못했던 것을 밝혀야 하니 부질없이 허세를 부려서야 되겠는가. 오로지 잘난 체만 하면서 그 추한 모습을 드러내다가 만일 일 하나라도 남 앞에서 실수하는 날이면 이제껏 쌓았던 많은 공도 건지지 못하고서 가려져 버린다. 『진목에게 주는 글[與眞牧書]』

2

사람은 천지 사이에 태어나면서 음양(陰陽)의 기운을 받고 육신을 이룬다. 이러한 우리의 처지는 진실한 방편인 대승의 자비원력으로 세간에 응해 주느라고 출현한 것이 아니기 때문에 탐욕을 졸지에 제거하지 못할 듯하다.

생각건대 성인께서는 이러한 사실을 아셨으므로 먼저 도로써 우리의 마음을 바로잡아 준 뒤 인의예지(仁義禮智)로 교화하여 탐욕을 막아 주셨다. 나아가 일취월장하여 탐욕이 인의예지를 이기지 못하도록 하여 도와 덕을 완전하게 해주셨다. 『경용학에게 주는 글[與耿龍學書]』

3

납자라면 언어문자에 막혀서는 안 된다. 언어문자는 남을 의지해서 알음알이를 일으키는 것일 뿐, 스스로 깨닫는 방편을 막아 언어와 형상의 밖으로 벗어나지 못하게 하기 때문이다.

지난날 달관담영(達觀曇穎, 989~1060) 스님이 처음 석문온총(石門蘊聰, 965~1032) 스님을 뵙고 방안에서 말로 따지는 데에만 열중하자 온총스님이 말하였다.

"그대의 논리는 종이쪼가리 위에 놓인 글일 뿐, 사실 마음 깨달은 정도로 치자면 아직 깊은 도리를 보진 못하였으니 반드시 오묘한 깨달음을 구해야 한다. 깨닫고 나면 우뚝하게 자립하여 말[言句]

에 의지할 것도 막힐 것도 없으니, 이는 마치 사자왕이 포효하면 모든 짐승들이 놀라는 것과도 같다. 문자공부를 마음공부에 비한다면 열을 백에 비하고 천을 만에 비하는 정도가 아닐 것이다." 『용간기문(龍間記聞)』

4

불안청원(佛眼淸遠, 1067~1120) 스님이 고암(高庵)스님에게 말하였다.

"백장(百丈, 720~814)스님의 청규(淸規)는 바른 길을 내세워 삿됨을 단속하고 대중을 법도 있게 이끌어 시대 상황에 맞게 후인의 마음[情]을 다스린 것이다. 사람의 마음이란 물과 같아 법도와 예의로 제방(堤防)을 삼아야 한다. 제방이 튼튼하지 않으면 반드시 한꺼번에 터지게 되듯 마음을 다스리지 않으면 제멋대로 날뛰게 된다. 그러므로 망정(妄情)과 사악함을 제거하고 막는 데는 한시라도 법도가 없어서는 안 된다.

그렇다면 예의법도가 어찌 망령된 마음을 방지하는 데에서만 그치겠는가. 입도(入道)를 돕는 계단이기도 하다. 법도가 서면 해와 달처럼 밝아 이를 보는 사람이 어둡지 않고 큰길처럼 툭 트여 다니는 사람이 길을 잃지 않는다. 옛 성인께서 세우신 법도는 다르나 근원으로 돌아가는 점에서는 차이가 없다.

그런데 요즘 총림에서는 법도대로만 애써 시행하려는 자도 있고,

죽자고 그것만을 붙들고 있는 자도 있으며, 혹은 멸시하는 자도 있다. 이들은 모두 다 도덕과 예의를 등지고 망령된 마음과 악을 따르기 때문에 이 지경에 이르게 된 것이다.

옛 성인께서 법도를 세우신 뜻이 말법시대의 폐단을 구제하고 망령된 마음과 탐욕[嗜欲]이 일어날 소지를 막으며, 삿되고 편협한 길을 끊어 버리겠다는 데에 있었으니, 어쩌자고 한 번도 이 점을 생각지 않는가." 『동호집(東湖集)』

5

불안스님이 고암스님에게 말하였다.

"털끝까지 보아내는 자도 자기 눈썹은 보지 못하며, 천 근을 드는 자라도 제 몸은 들지 못한다. 이는 마치 수행자가 다른 사람 책망하는 데는 밝으면서도 자기를 용서하는 잘못에는 어두운 것과 조금도 차이가 없다." 『진목집(眞牧集)』

주:

1 불안청원(佛眼淸遠) : 임제종 양기파. 오조법연(五祖法演, ?~1104) 스님의 법을 이었으며, 남악의 14세 법손이다.

17

늙고 병든 스님을 뒷바라지하다

고암선오(高庵善悟, 1074~1133)[1]

1

내가 과거 돌아다니다가 조산(祖山)에서 불감혜근(佛鑑慧勤, 1059~1117) 스님이 소참(小參)[2]에서 이렇게 말씀하시는 것을 들었다.

"탐욕과 성내는 허물은 원수나 도적과도 같으니, 반드시 지혜로써 대적해야 한다. 지혜는 물과 같아서 쓰지 않으면 막히고, 막히면 흐르지 않으며, 흐르지 않으면 지혜가 쓰일 수 없다. 이렇게 되고 나면 그 탐욕과 성냄을 어찌 하겠는가."

나는 그때 나이가 어렸으나 마음속으로 그분이 선지식이라는 것을 알아차리고 마침내 그곳에 방부들일 것을 청했다. 『운거실록(雲居實錄)』

2

납자가 마음가짐이 바르다면 백 번 꺾인다 해도 태연하여 근심

없으리라. 그러나 방향이 치우치고 삿되어 조석으로 좀스럽게 이익만을 헤아린다면 이런 사람은 천지 사이에 멀쩡한 몸을 둘 곳이 없을까 내 염려스럽다.『진목집(眞牧集)』

3

도덕과 인의는 유독 옛사람에게만 있었던 것이 아니라 요즈음에도 있다. 단 지식이 분명하지 못하거나 학문이 넓지 못하며, 근기는 청정하지 못하고 의지는 좁고도 낮은데다가 힘써 수행하지 않기 때문에 성색(聲色)에 끌려가도록 자각하지 못하는 것이다.

이는 대체로 망상(妄想)과 정념(情念)으로 익힌 것이 두텁게 쌓여 단번에 제거하지 못한 탓으로 옛사람의 경지에 도달하지 못하는 것이다.『경용학에게 주는 글[與耿龍學書]』

4

고암스님은 법성고목(法成枯木, 1071~1128) 스님이 금산(金山)에 살면서 사치스럽게 낭비한다는 소문을 듣고 길게 탄식하며 이렇게 말하였다.

"불법에서는 청정과 근검을 귀하게 여기니 이래서야 되겠는가. 이제껏 살찐 말과 날아갈 듯한 옷에 익숙해 온 후학들에게 지칠 줄 모르는 탐심만 더해 줄 뿐이니, 옛 분들께 부끄럽지도 않은가."
『진목집(眞牧集)』

5

주지의 큰일은 총림을 한 가문으로 생각하고 부서를 적절히 나누어 해낼 만한 적임자에게 일을 맡기는 것이다. 그들의 행동거지는 안위의 이치에 관계되고 득실은 교화의 근원에 관계되니, 남의 모범이 된다는 것이 어찌 쉬운 일이겠는가.

주지된 이가 해이하고 방종하면서 납자들을 복종케 할 수 있었다거나 법도를 무시하면서 총림의 포악함과 태만을 막고자 했던 경우는 보지 못했다.

옛날 육왕개심(育王介諶, 1080~1148)[3] 스님이 수좌를 내보내고 앙산행위(仰山行偉, 1018~1080)[4] 스님이 시중하는 스님을 깎아 내린 일들이 전적에 실려 있어 훌륭한 모범이 되기에 충분하다.

요즈음에는 제각기 사욕을 따르느라 백장스님의 법규를 크게 무너뜨려 일찍 일어나기를 게을리하고 예불과 법회를 거르는 경우가 많다. 혹은 멋대로 탐욕을 부리면서도 거리낌이 없고, 또는 물욕 때문에 시끄럽게 싸우기도 하며 심지어는 편벽하고 추악한 일에 있어서도 못할 짓이 없게 되었다.

아아, 불교의 큰 가르침이 성대하게 일어나기를 바라려야 바랄 수 있겠는가. 『용창집(龍昌集)』

6

고암스님이 운거사(雲居寺)에 머무르면서 선방에서 깨달음의 계기를 만나지 못하고 시간만 보내는 납자를 볼 때마다 그들의 소매를 잡고 정색을 하며 꾸짖었다.

"부모는 그대의 몸을 길러 주었고, 스승과 도반은 그대가 지향하는 목적을 이루어 주었다. 배고픔과 추위의 절박함도 없고 징병을 나가야 하는 수고도 없다. 이러고서도 확고하게 정진하여 도업(道業)을 완성하지 못한다면 뒷날 무슨 면목으로 부모와 스승, 도반을 보겠느냐?"

납자 가운데서는 스님의 말을 듣고 눈물을 흘리는 자도 있었으니, 호령이 이토록 엄격하였다.『단암일사(旦菴逸事)』

7

고암스님이 운거산에서 물러나자 원오극근(圜悟克勤, 1063~1135) 스님이 불인요원(佛印了元, 1032~1098) 스님이 살던 와룡암(臥龍庵)을 수리하여 편안히 쉴 처소로 만들려 하였다. 그러자 고암스님이 말하였다.

"수행자가 도를 닦는 즐거움이 있다면 육신 따위는 도외시해도 됩니다. 제 나이 칠십이라 마치 새벽별이나 그믐달과도 같으니, 남은 시간이 얼마나 되겠습니까. 또 초막이 있는 서산(西山) 언덕은 숲과 샘물이 죽 이어져 있어 모두가 제가 편안히 늙을 곳입니다. 무엇 때문에 기어코 자기 소유로 하고 나서야 만족하겠습니까."

오래지 않아 지팡이를 끌고 천태산을 방문하더니 그 뒤 화정봉

(華頂峰)에서 입적하셨다. 『진목집(眞牧集)』

8

고암스님이 운거사에 살 때, 납자가 병들어 연수당(延壽堂)[5]으로 옮겨졌다는 말을 들으면 마치 자기 탓이라도 되는 듯 슬피 탄식하였다. 그리고는 조석으로 병문안을 하고 몸소 약을 달이기까지 하였으며, 자기가 먼저 맛을 보고 나서 음식을 건네주기까지 하였다.

혹 날씨가 점점 추워지면 그들의 등을 두드리며 "옷은 얇지나 않느냐?" 하였고, 무더위에는 그들의 안색을 살피며 "너무 덥지는 않느냐?" 하고 위로하였다. 불행히도 천명이 다하여 어쩌지 못할 경우, 그의 경제적 여건에 관계없이 상주물(常住物)[6]을 내어서라도 극진한 예의로 보내 주었다. 일을 맡은 사람이 혹 그것을 가지고 이러니저러니 하면 스님은 이렇게 꾸짖었다.

"옛날 백장스님은 늙고 병든 자를 위해서 상주물을 세우셨다. 그대는 병들지도 죽지도 않을 수 있는가?"

사방의 식자(識者)들은 스님의 사람됨을 고상하게 여겼다. 그리하여 운거사에서 물러나 천태산(天台山)을 지나는데 따르는 납자가 50여 명이나 되었고, 그 가운데 같이 가지 못하는 자는 울면서 이별하였다. 스님은 이토록 덕으로 대중을 감동시켰던 것이다. 『산당소참(山堂小參)』

9

납자에게는 잘나고 못나고가 원래 있는 것이 아니다. 선지식이 자세하게 그의 인격을 존중해 주고 두루 시험하여 도량과 재주를 발현시켜 주는 데 있다. 또한 드러내 주고 권장하여 그의 말을 존중하고, 따뜻하게 사랑하여 그의 지조를 완전하게 해주는 데 있을 뿐이니, 이렇게 하여 세월이 오래되면 명성과 실제가 함께 풍성해지게 된다.

사람들은 모두가 마음을 가지고 있으므로 부지런히 깨우쳐 이끌어 주면 된다. 이는 마치 옥돌을 그대로 두면 돌덩어리지만 잘 다듬으면 보배가 되며, 물의 근원[發源]을 막아 버리면 웅덩이지만 틔워 흐르게 해주면 큰 시내가 되는 것과도 같다.

상법과 말법시대에는 훌륭한 사람을 빠뜨리고 채용하지 않을 뿐 아니라 길러내고 권장하는 방법에서도 부족한 점이 있다는 것을 알 수 있다. 말법시대에서는 어리석다고 버려질 재목이라 해도 총림이 한창 성할 때 가서는 지혜로워질 수 있다. 이런 뜻에서 "사람은 모두가 마음을 지녔으므로 부지런히 깨우쳐 이끌어야 한다."고 했던 것이다.

이로써 알 수 있는 것은 납자의 재능은 시절과 함께 오르고 내린다는 점이다. 좋아해 주면 다가오고, 권장하면 높아지며, 억누르면 시들고, 배척하면 끊어진다. 이것이 납자의 도덕과 재능이 꺼졌다 불어났다 하는 연유이다. 『이도운에게 주는 글[與李都運書]』

10

교화를 크게 펴는 데는 도덕과 예의보다 우선하는 것이 없다. 주지되는 사람이 도덕을 존중하면 납자들이 높이 공경하고, 예의를 행하면 배우는 사람이 탐하고 경쟁하는 것을 수치로 여긴다. 주지에게 외모를 잃을 만한 태만이 보이면 납자에게 능멸과 포학한 폐단이 생기며, 주지에게 얼굴빛을 바꾸는 분쟁이 있으면 배우는 사람에겐 공격하며 투쟁하는 재앙이 있게 된다.

옛 성인께서는 미연에 아시고 마침내 현명한 인재를 가려내어 총림을 주관하게 하였다. 그리하여 사람들이 모두 우러러보며 깨우치지 않아도 교화가 되게 하였던 것이다. 그러므로 석두(石頭, 700~791)스님이나 마조(馬祖, 709~788)스님의 도풍이 성행할 때 영걸스러운 인재가 나왔다. 그들의 태도가 부드럽고 아름다웠으며 온화하고도 자연스러워 눈썹을 치켜뜨고 눈을 깜빡거리는[7] 일상의 모든 언행이 후세의 모범이 될 만하였던 것은 다 그럴 만한 이유가 있었던 것이다. 『사심에게 주는 글[與死心書]』

11

지난날 스승 불안스님께서 말씀하시기를, "행각하러 관문을 나서서 갔던 작은 절들에서는 내 뜻대로 되지 않은 일들이 많았다. 그러다가 법안(法眼, 885~958)스님이 지장암(地藏庵)의 계침(桂琛, 867~928)스님을 참례하고, 명교(明敎, 1007~1072)스님이 신정(神鼎,

802~901)스님을 배알했던 일[8]을 생각해 보았더니 번뇌가 사라지더라." 하셨다. 『기문(記聞)』

12

고암스님은 마음과 행동이 단정하고 강직하며 기상과 도량이 늠름하여 한시라도 예법을 잃지 않았다. 대중과 함께 살던 시절 하루에도 누차 손해를 보았으나 전혀 개의치 않고 종신토록 간소하게 처신하였다. 대중방에서는 아무것이나 함부로 허락하지 않았으며, 조금이라도 서로 맞지 않는 일이 있으면 반드시 정색을 하고 곧은 말로 다스렸으므로 납자들이 모두 믿고 복종하였다. 한번은 이렇게 말하였다.

"나는 도 닦는 일에는 다른 사람보다 나을 것이 없다. 단 평소에 하는 일이 마음에 부끄러움이 없을 뿐이다."

13

고암스님이 운거사에 머무르면서 어떤 납자가 감춰진 남의 잘못을 들춰내는 것을 보고는 부드러운 말씨로 그를 깨우쳐 주었다.

"무슨 일이든 그렇게 해서는 안 된다. 수행인이라면 도를 닦는 것이 급선무이며 화합하는 것이 곧 자기를 닦는 일이다. 구차하게 애증의 감정을 멋대로 부려 다른 사람 행동거지나 헐뜯어서야 되겠는가."

스님의 자상함이 이 정도였다.

스님께서 과거에 운거사 주지를 맡아 달라는 명을 거절하자, 스승 불안(佛眼)스님이 편지를 보내 이렇게 권하였다.

"운거사는 양자강 왼쪽 지방에서 으뜸이다. 대중을 편안하게 하고 도를 실천할 만하므로 굳이 사양해선 안 될 것이다."

스님이 답하였다.

"총림이 생겨나고부터 이러한 명목(名目)에 가리어 절개와 의리를 무너뜨린 납자들이 적지 않았습니다."

불감(佛鑑)이 이 말을 듣고 말하였다.

"고암의 처신은 납자들이 따라갈 수 없겠군."『기문(記聞)』

14

고암스님이 늙고 병든 스님을 위안하자고 권하는 글을 하나 지었다.

"변변찮은 내가 일찍이 대장경을 찾아보고 부처님의 의도를 자세히 살펴보았더니, 비구가 가만히 앉아서 공밥을 받고 게으른 마음을 내며 '나는 존경받아 마땅한 비구입네.' 하는 아견(我見) 일으키는 것을 허락하지 않으셨다. 그래서 새벽마다 부처님은 제자와 함께 발우를 지니고 걸식하셨다. 귀천을 가리지 않고 높다 낮다 하는 마음이 없어 신자들에게 모두 고르게 복을 받게 하셨다.

그 뒤 마련된 상주물(常住物)이라는 것은 본래 늙고 병들어 걸식을 나가지 못하는 비구를 위해 만든 것으로서 젊고 건강한 납자들은 먹을 수 없었다. 부처님이 입멸(入滅)하신 후 정법(正法)시대까지만 해도 그대로 실천되었으며, 상법(像法)과 말법(末法)시대 뒤로 중국의 선림(禪林)에서도 걸식하는 제도를 폐지하지 않았다. 단 유능한 사람을 추천하여 걸식을 하게 하였으며, 얻은 시주물은 상주물로 모아 두었다가 많은 대중들을 편안하게 하였고, 마침내 이것이 매일같이 걸식을 행하는 법규가 되었다.

요즈음 소문을 들으니 여러 사찰의 주지들이 인과(因果)를 무시하고 늙은 스님들을 편안하게 모시지 않는다 하니, 이는 부처님의 본뜻을 어기고 불교를 약하게 만드는 것이다. 실로 절에 안주할 수 없다면 늙어서 장차 어디로 가야 하겠는가. 상주물이 본래 누구를 위하여 마련된 것인가를 돌이켜 생각지 않는다. 어떤 마음을 가져야 부처님 마음에 맞겠으며, 어떤 일을 해나가야 부처님의 행동에 맞겠는가?

옛날 부처님께서 세상에 계실 때, 혹 공양청(供養請)에 가시지 못하고 정사(精舍)에 머무르실 경우, 승방(僧房)을 두루 돌아다니시며 늙고 병든 비구들을 보살피셨다. 낱낱이 위문하고 낱낱이 준비물을 배치하였으며, 나아가 모든 비구들을 빠짐없이 공경하고 여러 가지 방법으로 그들이 성내고 미워하는 마음을 버리도록 당부하셨으니, 이것이 부처님[調御師]께서 대중들에게 보이신 솔선수범이었다.

그런데 지금은 자기의 입과 몸을 위해 상주물을 멋대로 쓰고 권세 있고 귀한 사람과 결탁하여 늙고 병든 자는 끊어 버린다. 대중의 물건을 자기 소유로 덮어 버리고, 부처님 마음과 부처님 행동은 까맣게 잊어 하나도 없으니 슬프고 슬프다.

고덕(古德)은 '노스님은 산문의 표상[標榜]이다.'라고 말하였는데, 요즈음 선림(禪林)에 백에 하나도 노스님이 안 계신 이유는 늙으면 받아들여지지 않기 때문이다. 이로써 더욱 알 수 있는 것은 오래 사는 것이 이로울 게 없으며 도리어 일찍 죽느니만 못하다는 것이다.

원컨대 우리 시대에서는 각각 부처님 말씀을 따르고 조사의 뜻을 계승 발전시켜야 한다. 그러자면 늙고 병든 스님은 편안하게 위로하며 상주물의 양에 따라 적절하게 공급하였으면 한다. 이리하여 우매한 사람이 권세를 멋대로 휘둘러 짧고 박복한 내세를 초래하지 않았으면 한다. 간절히 더욱 살펴주기 바라노라."

15

각범(覺範, 1071~1128)스님이 영원(靈源, ?~1117)스님의 문방(門榜)에 이런 글을 달았다.[9]

"영원스님은 애초에 세상에 나가는 것을 원치 않고 자신을 매우 꿋꿋이 지켰다. 장무진(張無盡, 장상영, 1044~1122) 거사가 강서(江西) 지방에 부임하여 여러 번 스님을 불렀으나 가지 않았다. 그러다가 얼마 지나자 돌연히 뜻을 바꿔 이렇게 말하였다.

'선림은 갈수록 시들어 가는데 법을 널리 펴야 할 자들은 대부분 부처를 팔아 자신의 안일만 추구하고 있으니, 급히 떠받쳐 주지 않는다면 당장 무너지고 말 것이다.'

이리하여 회상(淮上)의 태평사(太平寺)에서 법을 열었다."

나는 그때 동쪽으로 가다가 스님의 문하에 오르게 되었는데, 총림은 정돈되고 종풍(宗風)은 크게 떨쳐 백장(百丈)스님이 건재할 때 못지않을 정도였다.

그 뒤 15년이 지나 이 방(榜)을 봉원(逢原) 증효서(曾孝序, 1049~1127)의 집에서 보게 되었는데, 그 글을 읽어보니 늠름하기가 도골(道骨)을 보는 것 같았다. 이 글은 황산곡(黃山谷, 황정견, 1045~1105)이 전서체(篆書體)로 일필휘지하였는데, 거기에는 다음과 같은 격문(激文)이 있다.

"아아, 천하에 부처님의 가르침을 널리 편다 하는 자들이 모두가 영원스님이 말씀하신 대로 주지를 한다면 조사의 도가 널리 펴지지 못할까 무얼 근심하겠는가.『논어(論語)』에서도 '사람이 도를 넓히는 것이지 도가 사람을 크게 하지는 않는다.'¹⁰고 하였는데, 영원스님이야말로 이렇게 한 분이다."『석문집(石門集)』

주
:

1 고암선오(高庵善悟) : 임제종 양기파. 불안청원(佛眼淸遠, 1067~1120) 스님의 법을 이었으며, 남악의 15세 법손이다.
2 '참(參)'은 대중에게 설법하는 것을 말한다. 정식으로 하는 설법을 대참(大參), 장소를 가리지 않고 수시로 하는 설법을 소참(小參)이라고 한다.
3 육왕개심(育王介諶) : 장령수탁(長靈守卓, 1066~1124) 스님의 법을 이었다. 언젠가 대중 운력에 수좌가 병을 핑계로 빠지고 시자승과 차(茶)를 나눈 일이 있었다. 이 일이 결국 개심스님에게 알려지자 스님은 대중들의 청에도 불구하고 그에게서 수좌직을 박탈하고 목조전[木堂]에서 관리를 맞이하는 직책으로 보냈다. 하루는 군수(郡守)가 왔는데도 거들떠보지 않고, 그때 그 시자승과 한담을 나누었다. 개심스님은 화가 나서 둘 다 쫓아내 버렸다.
4 앙산행위(仰山行偉) : 황룡혜남(黃龍慧南, 1002~1069) 스님의 법을 이었다. 한때 열두 사람의 명단을 유나에게 주며 다음날 함께 방장실에 와서 잘못을 지적받으라 하였다. 다음날 보니 한 사람이 부족하였다. 수좌(首座)가 말하기를 영태(永泰)스님이 산에 갔다가 아직 돌아오지 않았으니 다른 이로 했으면 좋겠다고 하므로 행위스님은 그러라고 하였다. 그런데 어떤 사람이 말하기를, "사실은 영태스님이 있는데 수좌가 숨겼습니다."고 하였다. 이에 행위스님은 얼굴빛을 엄하게 하고는 찾아보게 하니 영태스님은 자진하여 말하기를, 스스로 나약하여 일에 실수가 있을까 두려워 그런 것이지 수좌는 모르는 일이라고 하였다. 행위스님은 종을 쳐 대중을 모이게 하고는 말했다. "어두운 마음으로 대중을 속이는 것은 다른 사람도 하지 못할 짓인데, 더구나 수좌는 자리를 나란히 하여 도를 전수해야 할 입장 아닌가. 이를 스스로 파괴하다니." 이리하여 두 스님 모두가 벌을 받고 절에서 쫓겨났다. 그 후 영태스님은 법을 잇고 황백산에 주석하였고, 수좌는 위산에서 황룡선사의 법을 이었다.

5 늙고 병든 납자들이 머무르는 곳.
6 시방에 스님네가 쓰는 물건을 모두 상주물(常住物)이라고 한다. 즉 사원에 소속되어 그 사원 전체의 재산인 전원(田園)과 잡구(雜具) 등을 말하며 승려 모두가 공동으로 사용한다. 상주물에는 네 가지가 있다.
첫째는 상주상주(常住常住)이다. 대중이 쓰는 절이나 집이나 대중이 쓰는 도구나 꽃과 나무나 밭과 정원 등이다. 이 같은 물건은 있는 곳에 두고 사용해야 한다. 다른 곳으로 옮기지 못한다. 다만 수용(受用)은 할지언정 나누거나 팔아서도 안 된다.
둘째는 시방상주(十方常住)이다. 대중이 함께 항상 먹는 것이다. 한 번 공양 목탁이나 종을 울림으로써 그 체가 시방에 가득함이니, 오직 본처에 국한하고 밖으로 가져가지 못한다.
셋째는 현전상주(現前常住)이다. 시주물(施主物)을 얻을 때, 오직 이곳에 있는 대중에게만 시주가 베푼 것으로 현재에 있는 대중이 얻는 까닭이다.
넷째는 시방현전상주(十方現前常住)이다. 누군가 입적하면 일용 물건들을 시방의 현전대중이 갈마를 통해 나누어 갖는 것이다.
7 '揚眉瞬目(양미순목).' 일상생활의 동작. 종사가(宗師家)가 일상적인 것으로 학인을 지도하는 것을 비유한다.
8 계침스님은 법안스님에게 행각하는 본래 뜻을 일깨워 주었고, 명교스님은 가난한 살림살이에서 꿋꿋이 도에 매진하는 신정스님을 뵙고는 마음속의 불만과 오래 묵은 습성을 쉬게 되었다.
9 전체 글의 요지는 이렇다. 유나 유청(惟淸)은 이름만이 주지일 뿐, 실은 잠시 몸을 맡긴 길손과도 같다. 다만 대중을 거느리고 법을 넓히며 교풍을 높이는 것을 돕는 것만을 자기의 일로 삼을 뿐이다. 상주물은 나의 소유가 아니므로 이치상 멋대로 하지 못하는 것이니, 직책을 맡은 이에게 모두 위임하고 분야를 나누어 주관한 일을 하게 하며, 공과 사에 비추어 보고서 함께 처리하도록 한다. 유청은 다만 여러 스님네와 함께 재(齋)를 베풀고 몸에 지닌 물병과 발우만으로 인연 따라 머무를 뿐이

다. 엎드려 바라노니 사방의 납자들이여, 찾아오면 필요한 정도는 있지만 오직 먹고 자는 것만을 살필 뿐, 그 나머지는 따로 공양하기 어렵다. 세속의 법으로는 공공물[官物]이요, 불법으로는 대중의 물건[衆財]이니, 이를 훔쳐 남의 마음을 사려 함은 실로 본분의 입장에서는 감히 하지 못할 일이다. 미리 글로 아뢰노니 비추어 보기 바란다.

10 『논어(論語)』「위령공(衛靈公)」.

18

사대부에 아첨하여
불도를 손상시킴을 경계하다
귀운여본(歸雲如本)스님[1]

●

　귀운여본(歸雲如本) 스님의 『변영편(辯佞篇)』[2]에서는 이렇게 말하고 있다.

　우리 조정의 정국공(鄭國公) 부필(富弼, 1004~1082)은 투자수옹(投子修顒) 스님[3]에게 도를 물었는데, 그때 오간 서간문이며 게송이 모두 열네 두루마리가 되며, 태주(台州)[4] 홍복사(鴻福寺) 양 회랑벽의 사이에 새겨 놓았다. 이것으로써 선배들의 법을 주관함이 준엄하였고, 왕족 귀인들의 도를 믿음이 독실하였음을 또렷이 볼 수 있다.
　정국공이 사직(社稷)의 중신(重臣)이었지만 만년에 방향을 이렇게 할 줄 알았던 것은 투자수옹 스님에게 반드시 남다른 데가 있었기 때문이리라. 그 자신도 투자수옹 스님에게서 자극받은 바가 있었다고 밝히고 있다.

사대부 가운데서 불교를 진실하게 믿던 이는 나이도 잊고 세도도 굽히면서 용맹정진하여 완전하게 반드시 깨닫기를 기약하고야 말았다.

시랑(侍郞) 양대년(楊大年, 974~1020)과 도위(都尉) 이화문(李和文, ?~1038) 등이 광혜원(廣慧院) 원연(元璉, 951~1036)[5]과 석문온총(石門蘊聰, 965~1032)과 자명(慈明, 986~1040) 큰스님들을 뵙고 뜨겁게 오갔던 문답들이 여기저기 모든 선서(禪書)에 분명히 기록되어 있다.

양무위(楊無爲, 양걸)는 백운수단(白雲守端, 1025~1072) 스님에게, 장무진(張無盡, 장상영)은 도솔종열(兜率從悅, 1044~1091) 스님에게 배워 모두가 관문을 통과하고 정곡을 쳐서 철저하게 끝까지 깨달았는데, 이는 함부로 한 것이 아니었다.

근세에 시랑(侍郞) 장무구(張無垢)와 참정(參政) 이한로(李漢老)와 학사(學士) 여거인(呂居仁)은 모두가 묘희(妙喜, 1089~1163) 노스님을 뵙고 점점 진보하여 결국 선의 심오한 경지를 체득했으니, 이들은 속세를 초탈한 도반이라 할 만하다. 그들은 좋고 싫은 감정과 맞고 거슬리는 경계를 번개처럼 뿌리치고 우레처럼 쓸어 버려 세속의 구차함과 거리낌을 벗어 버렸다. 그리하여 보는 사람들은 옷깃을 여미고 황송한 마음으로 길을 비켜서며 그 경지를 엿볼 수가 없었다. 그러나 이들 사군자(士君子)들은 한가하고 적막한 강가에서 서로를 구하고 선(禪)의 고요한 경지에 마음을 깃들이고자 하면서 본심만을 발휘할 뿐이었다.

후세엔 선덕(先德)들의 법다운 모범은 보지 못하고, 오로지 아첨을 일삼으며 승진하여 이름 날릴 것만을 비뚤어지게 구하고 있다. 주지가 추천한 이름으로 장로가 된 자들은 더러는 명함을 써서 모 문중의 승려 아무개라 자칭하며 윗사람들을 받듦으로써 배경을 삼고, 대중의 상주물을 빼돌려 뇌물로 바치면서 아첨하기도 한다. 식견 있는 자들이 그것을 딱하게 여기고 비웃는데도 수치를 모르고 그저 편안할 뿐이다.

아아, 우리 불제자 사문들은 물병 하나, 발우 하나로 구름처럼 새처럼 떠돌아도 얼거나 굶주리는 절박한 상황은 없고, 자녀가 있어서 구슬이며 비단에 연연할 것도 없다. 그런데도 허리를 굽히고 빗자루질 하듯 윗사람에게 아첨하고자 설설 기며 몸도 제대로 못 피니 욕됨과 천함을 자초하는 상황이다.

은부(恩府)[6]라 불리는 조정은, 자기 한 몸의 욕심에서 나왔으므로 기댈 곳이 못 된다. 터무니없고 쩨쩨한 사람 하나가 앞에서 부르짖으면 백이나 되는 똑같은 무리들이 그 뒤에서 화답하며 다투어 그를 받들려 하니, 실로 비루하고 좀스러울 뿐이다.

교풍(敎風)을 깎아내고 약화시키는 것으로는 아첨하는 사람보다 심한 것은 없다. 실로 간사한 이가 교묘하게 살금살금 속여 들어가면 단정하고 올바른 사람이라 해도 몸은 불의에 빠지고 마음은 구제할 수 없는 지경까지 가게 되니 슬프지 않은가. 법을 파괴하는 비구는 마구니의 기운이 모여 있으므로 미친 속임수를 쓰면서도 태연자약하다. 속임수로 선지식의 자태를 나타내고 선림의 큰스님 이름을 대면서 그의 법을 이었다 하며 요직에 있는 귀인에게 아첨하여 그를 자기네 종문의 권속이라 한다.

바라지도 않는 공경을 바쳐 가면서 불법을 무너뜨리는 단서를 터주고 속인을 법상에 오르게 하여 승려로서 그 아랫사람들에게 절을 하니, 성인의 법도를 왜곡시키고 종풍(宗風)을 매우 욕되게 하고 있다.

우리 불도가 쇠퇴함이 이 지경에 이르렀으니, 아아 슬프다. 하늘도 귀신도 모두 벌을 주리니, 만 번 죽어도 속죄되지 않을 사람은 아첨하는 자가 아니겠는가.

명교설숭(明敎契嵩, 1007~1072)[7] 스님의 『원교론(原敎論)』에서는 이렇게 말하였다.

"옛날의 고승들은 천자를 배알해도 신하 노릇을 하지 않고 미리 조서(詔書)를 지어 공(公)이니 사(師)니 하고 칭하였다.

제(齊)나라 종산(鍾山) 승원(僧遠, 414~484)스님은 고조(高祖)의 수레가 산문에 이르렀으나 법상에 앉은 채 맞이하지 않았으며, 호계(虎谿)의 혜원(惠遠, 334~416)스님은 천자가 심양(潯陽)까지 당도하여 조서를 내렸으나 산문을 나가지 않았었다. 그리하여 당세에서는 그분의 사람됨을 높이고 그분의 덕을 받들었다. 이 때문에 성인의 도가 진작되었던 것이다.

후세에 고승을 흠모하는 자들은 벼슬아치들과 사귀면서도 낮은 사람만큼도 예우를 받지 못했으며, 들고 나는 처신은 평범한 사람보다도 자의자득하지 못했다. 그러니 하물며 승원스님이 천자를 뵌 일이나 태연자약했던 혜원스님과 비교가 되겠는가. 그러면서도 우리 불도가 흥성하고 납자들이 수행 잘하기를 바란들 될 수 있겠는가. 가르침은 보존하려 하면서 적임자를 구하지 않으면 가르침이 있다 한들 무슨 소용이 있겠는가. 생각하면 눈물을 흘리지 않을 수가 없다."⁸

순희(淳熙) 정유(丁酉, 1177)년에 현은사(顯恩寺)의 주지를 그만두고 평전(平田) 서산(西山)이라는 작은 산 언덕에 살면서 요사이에 보고 들은 일들이 거짓이 많고 옛 가풍을 떨어뜨리는 것이었다. 비록 나의 말이 이 세상에 무겁고 가벼운 것이 될 수는 없겠지만 다만 이 글을 적어 스스로를 경계하는 바이다. 『총림성사(叢林盛事)』

주
:

1 귀운여본(歸雲如本) : 영은혜원(靈隱慧遠, 1103~1176) 스님의 법을 이었으며, 남악의 16세 법손이다.
2 『총림변영편(叢林辨佞篇)』. 꼬리를 흔들면서 아첨하거나 환심을 사려는 당시의 무리들을 풍자한 글로서, 문장과 의미가 뛰어나다는 평가를 받는다.
3 운문종. 원조존본(圓照宗本, 1020~1099) 스님의 법제자.
4 현재의 절강성(浙江省) 태주시(台州市).
5 임제종. 수산성념(首山省念, 926~993)에게서 깨닫고 여주 광혜원(廣慧院)에 머물렀다. 참정(參政) 왕서(王書)·낭중(郎中) 허식(許式)·시랑(侍郎) 양문공(楊文公) 등이 스님을 찾아 교류하였다.
6 스승에게 쓰는 말인데, 특히 과거에 급제할 당시의 시관(試官)을 일컬음.
7 운문종. 동산효총(洞山曉聰, ?~1030) 스님의 법을 이었다. 『보교편(輔教編)』을 저술하여 선문(禪門)의 계통을 밝혔고, 『원교론(原教論)』을 지어 유불일치(儒佛一致)를 주장하면서 한유(韓愈, 768~824)의 배불론을 반박하였다.
8 『감진문집(鐔津文集)』 권2 「광원교(廣原教)」(T52-658b).

19

『변영편』에 발문(跋文)을 붙이다

원극언잠(圓極彦岑)스님[1]

원극언잠(圓極彦岑) 스님의 발문(跋文)에는 이렇게 적혀 있다.

부처님 가신 지가 멀고 바른 종지는 얇아져서 경박한 풍조가 팽배한 마당에, 선배들은 시들어 가고 후학들은 지성이 없어 총림의 법도는 거의 전몰지경이 되었다. 비록 구제해 보겠다고 나서는 자가 있다 해도 도리어 문중에서 덜 떨어진 놈이라는 소리나 들을 뿐이다.

지금 소산여본(疏山如本) 스님의 『변영편(辯佞篇)』이라는 글을 보니 말과 뜻이 폭 넓고 매우 절실하고도 분명하여 그 병통을 완전히 바로잡을 만하였다. 다만 용렬하고 허망한 무리들은 어둡고 짧은 지식으로 삿된 세계에 마음이 빠져 있으니, 필연적으로 제호(醍醐)[2]를 독약으로 여길 것이다. 『총림성사(叢林盛事)』

주
:

1 　원극언잠(圓極彦岑) : 운거법여(雲居法如, 1080~1146) 스님의 법을 이었으며, 남악의 16세 법손이다.
2 　제호(醍醐)는 우유를 정제하여 만든 기름이다. 비교할 수 없는 좋은 맛이라는 뜻으로 써서 최고의 가르침이나 경지를 비유한다. 흔히 유(乳), 낙(酪), 생소(生酥), 속소(熟酥), 제호(醍醐)의 다섯 단계를 두어 수준을 비유한다.

20

○

상주물을 사사로이 씀을 경계하다

동산혜공(東山慧空, 1096~1158)[1]

●

　동산혜공(東山慧空) 스님이 여재무(余才茂)가 인부(짐꾼)를 빌려 달라는 편지에 대해 다음과 같이 답장하였다.

　지난날 외람되게도 보살펴 주신 은혜를 받고 헤어진 뒤, 또 은혜로운 편지를 받드니 더욱 자신의 부끄러움을 느낄 뿐입니다. 저는 본래 바윗골 사이에 사는 사람이라 세상사에는 무심합니다. 이는 재무(才茂)께서도 아시리라 여겨집니다. 지금은 장로가 되어 방장실(方丈室)에 거처하기는 하나 여전히 '수좌 혜공'일 뿐입니다.
　사중살림은 한결같이 소임자에게 맡겨 버리고 수입 지출의 장부도 모두 눈에 스치지를 않습니다. 의발(衣鉢)을 쌓아 두지도 않고 상주물을 사용하지도 않으며, 외부의 초청에도 가지 않고 남의 도움을 청하지도 않습니다. 인연 따라 안주할 뿐 애초에 다음날의 계획 같은 것은 세우지도 않습니다.

재무께서는 예로부터 도가 높다는 칭송을 받아 왔습니다. 그러므로 도에서 서로를 잊어버릴 수 있을 것입니다. 이번 편지에서는 인부 몇을 찾으시는데, 이 인부가 상주물에서 나오는지 이 혜공에게서 나오는지를 모르겠습니다. 저에게서 나온다면 제게 무엇이 있겠으며 상주물에서 나온다면 그것을 개인적으로 사용하는 것이 됩니다. 일단 사사로운 데 빠지고 나면 도적이 되고 마니 어떻게 선지식으로서 상주물을 도용할 수 있겠습니까. 공께서는 관직에 몸담으셨으니 좋은 일을 하셔야지 사중에서 이러한 일을 계획하시는 것은 마땅하지 않습니다.

또한 공께서는 민(閩)[2] 지방 사람이라 아는 사람들도 모두 민 지방의 장로들입니다. 한번 절에 욕심을 두게 되면 상주물을 다 훔쳐 자기가 차지하고 말 것입니다. 혹 그것으로 귀인과 우호를 맺거나 속가에 공급하거나 아는 사람을 대접하고 모신다면 그것은 사중의 스님네들이 쓰는 공용물[十方常住(시방상주) 招提僧物(초제승물)][3]이라는 것을 전혀 생각하지 못하는 처사입니다. 요즈음 뿔을 달고 털을 뒤집어쓴 채, 전생의 빚을 갚는 축생들 중에 이런 사람의 경우가 많습니다. 이 점을 옛날에 부처님께서 분명히 말씀하셨으니 두려워하지 않아서야 되겠습니까.

근래에 절집이 잔폐되고 승도가 쓸쓸한 것은 모두가 이런 탓입니다. 공께서는 우리를 이런 무리로 만들지 마시기를 바랍니다. 공이 결과적으로 신임을 받아 다른 사찰에서 허락받았던 것도 모두 사양하고 받지 않으신다면 공의 앞날은 헤아릴 수 없는 영광이 있을 것입니다.

귀에 거슬리는 말을 어떻게 여기실는지 모르겠습니다. 차가운 계절인데 가는 길에 몸조심 하소서. 『어록(語錄)』

주 :

1 동산혜공(東山慧空) : 임제종 황룡파. 늑담선청(泐潭善淸, 1057~1142) 스님의 법을 이었으며, 남악의 14세 법손이다.
2 원래 중국 동남지방의 인종을 가리키는 '오랑캐 민'이란 뜻인데, 지금의 복건성 일대를 가리킨다. 중국 역사상 오대십국 중의 한 나라 이름이기도 하다.
3 승단에 속하는 모든 물자를 가리키는 상주물을 크게 둘로 구분하면 사방승물과 현전승물로 나눌 수 있다. 사방승물은 초제승물(招提僧物) 또는 시방승물이라고도 한다. 모든 비구가 같이 쓸 수 있는 교단의 공유물인 사사(寺舍)와 전원 등을 말하는데, 승려가 자기 마음대로 처분하는 것은 허락되지 않는다. 현전승물(現前僧物)이란 현전승이 사용하는 물건이라는 뜻인데, 시주가 현재 머물고 있는 승려 대중에게 시여한 물건이나 입적한 비구의 유물 등을 말한다.

21

혜공스님의 답서를 평하다

절옹여염(浙翁如琰, 1151~1225)[1]

　이 글은 실로 염라대왕 대궐 앞에서 사죄받을 수 있는 한 통의 비방이다. 그러나 요즈음 제방의 스님들이 모르는 것을 어찌하랴. 과연 이 글을 수긍하여 명심할 수 있다면 언젠가 크게 덕을 볼 날이 있으리라. 그래서 나는 늘 이 글을 사람들에게 보여주곤 한다.
　찬은산(璨隱山) 스님도 이런 말을 하였다.
　"상주물인 돈과 곡식은 대중공양을 제외하고는 거의 쥐약과 같다. 주지나 수입 지출을 맡은 자로서 일단 여기에 빠져들었다 하면 온몸이 썩어 문드러지리니, 이는 율부(律部)에 자세히 실려 있다.
　또한 옛 분(오조스님)은 돈을 가지고 창고에 갔다 와서는 생강(생강은 마음을 가라앉히고 몸의 찌꺼기를 빼준다)을 약으로 달여 먹었으니, 어느 정도였는지를 볼 수 있다. 지금 방장(方丈) 자리에 앉아 있는 자들은 대중의 발우에 담길 물건을 깎아서 자기의 속을 멋대로 채울 뿐 아니라, 자기만을 떠받든다 해서 그것이 인심을 들뜨게 하는 것은 아니라고 여긴다. 또 이보다 심한 경우는 값진 것을 팔아 널리 인심을 얻고 큰 절로 승진하기를 바라기까지 하니, 뒷날 추상같은 염라대왕이 계산해 줄 값이 두려울 뿐이다."『고애만록(怙崖漫錄)』

주
:

1   절옹여염(浙翁如琰) : 임제종 양기파. 육왕덕광(育王德光, 1121~1203) 스님의 법을 이었으며, 남악의 17세 법손이다.

선림보훈 하

22

출가한 뜻을 저버리지 않다

설당도행(雪堂道行, 1089~1151)[1]

1

설당도행(雪堂道行, 1089~1151) 스님이 천복사(薦福寺)에 머무를 때 하루는 잠시 들른 납자에게 물었다.

"어디서 오는 길인가?"

"복주(福州)에서 왔습니다."

"오던 길에 훌륭한 큰스님을 뵈었는가?"

"요전에 신주(信州) 박산(博山)을 지나게 되었는데 그곳에 오본(悟本)스님이란 분이 계셨습니다. 그분께는 아직 절을 올리지는 않았으나 훌륭하신 큰스님임을 알 수 있었습니다."

"어떻게 알 수 있었는가?"

"절로 들어가는 길이 확 트였고, 회랑은 정연하게 닦여 있었으며, 법당에 향과 등불이 끊어지지 않았습니다. 또한 아침저녁으로 종과 북소리가 분명하였으며, 두 때의 죽과 밥은 정결하였고, 스님들이 가다가 사람을 보면 합장을 하였습니다. 그래서 그분이 훌륭한 스님이라는 것을 알았습니다."

설당스님은 웃으면서 말하였다.

"오본스님은 본래 훌륭하다. 그러나 그대도 안목을 갖추었다."

바로 이 사실을 군수 오부붕(吳傅朋)에게 전달하며 이렇게 말하였다.

"이 스님의 이야기가 범연령(范延齡)이 장희안(張希顔)을 추천한 일과 매우 비슷하고, 공의 훌륭함도 장충정공(張忠定公)보다 덜하지 않습니다. 노승은 너무 늙었으니 오본스님을 주지로 청한다면 문중의 영광이겠습니다."

오공(吳公)은 매우 기뻐하였고, 오본스님은 그날로 천복사로 옮겨 왔다. 『동호집(東湖集)』, 범연령의 일은 『황조유원(皇朝類苑)』에 나온다.

2

천 리나 되는 튼튼한 둑도 개미떼에게 무너지고, 아름다운 흰 구슬도 흠 때문에 쪼개진다. 하물며 위없는 오묘한 도를 둑이나 옥 따위에 비하며, 탐욕과 성내는 마음을 개미의 파괴나 옥의 흠집 정도에 비하겠는가.

중요한 것은 뜻을 확고부동하게 세우고 정밀하게 닦아 나아가며 굳게 지켜 완벽하고 훌륭하게 수행(修行)하는 데 있는 것이다. 그런 뒤에야 자신을 이롭게 하고 다른 사람도 이롭게 할 수 있다.『왕시붕에게 주는 글[與王十朋書]』

3

내가 용문사(龍門寺)에 있을 때, 병철면(鼻鐵面)² 스님은 태평사(太平寺)에 머무르고 있었다. 어떤 이가 그에 대해 이렇게 말하였다.

"병철면 스님이 고향을 떠나 행각한 지 얼마 되지 않아 공부하던 어느 날 밤에 책을 불에 놓쳐 모조리 타 버렸다. 그러자 책을 찾아내서 땅에다 내던지면서 '부질없이 사람의 마음만 어지럽힐 뿐이군!' 하였다."『동호집(東湖集)』

4

설당스님이 회암혜광(晦庵惠光) 스님에게 말하였다.

"내가 20살쯤에 독거사(獨居士)를 뵙자 이렇게 말씀하셨다.

'마음에 줏대가 없으면 자립하지 못하고, 행동이 바르지 못하면 아무것도 할 수 없다³고 한 이 말을 평생 실천한다면 성현의 일이 완성되리라.'

나는 그 말씀을 간직한 채, 집에 있을 때는 자신을 닦고 출가해서는 도를 배워 마침내 나 자신을 통솔하고 대중에 임하게 되었다. 그러므로 이 말씀은 저울이 무게를 달고 곱자와 그림쇠가 원과 사각을 만들어 내는 것과 같아서 이를 버리면 일마다 법칙을 잃게 된다." 『광록(廣錄)』

5

고암(高庵)스님이 대중에 임하면 반드시 "대중 가운데서 지견 있는 사람을 꼭 알아야 한다."고 말하곤 하였다. 내가 그 까닭을 묻자 이렇게 말하였다.

"'행동거지는 뛰어난 무리들을 바라보아야지, 헛되이 용렬한 이들을 좇아가서는 안 된다.'⁴고 하신 위산(潙山)의 불안청원(佛眼清遠) 스님 말씀도 못 들어보았는가? 평소 대중과 섞여 살면서도 어리석은 무리에 빠져들지 않았던 자들은 모두 이 말을 했었다. 빽빽한 사람 중에 비루한 자는 많고 식견 있는 자는 드문데, 전자에는 익숙해지기 쉽고 후자와는 친하기 어렵다. 그런데 이런 상황에서 결단코 누군가가 분발해 낼 수 있다면, 그 힘은 일당백(一當百)쯤 되어서 용렬한 습기가 다하여 참으로 훤출하게 격식을 벗어난 사람이 될 것이다."

나는 평생 그 말씀을 실천하고서야 비로소 출가했던 뜻을 저버리지 않을 수 있었다. 『광록(廣錄)』

6

설당스님이 차암수인(且庵守仁, ?~1183) 스님에게 말하였다.

"일을 맡으면 반드시 중요한 정도를 재보고, 말을 꺼내려면 우선 깊이 생각하여 중도(中道)에 맞도록 힘써 치우치지 말아야 한다. 가령 성급하게 일을 해나가면 완성하는 경우가 드물며, 설사 해냈다 해도 끝내 만전을 기하지는 못한다. 나는 대중 가운데 살면서 이익과 병통을 골고루 보아 왔는데, 오직 덕이 있는 사람만이 너그러운 마음으로 대중을 감화시킬 수 있었다. 그들은 항상 뜻과 재능이 있는 후배들이 살펴 실천하기를 서원하여 바야흐로 커다란 이익이 되어 주었다."

영원(靈源)스님도 일찍이 이렇게 말하였다.

"범인(凡人)은 평소에는 안으로 관조하여 깨우치는 경우는 많아도, 일에 부딪치면 바깥으로 마음이 치달려서 융화를 어그러뜨리고 훌륭한 법체(法體)를 잃는다. 반드시 불조를 잇겠다는 책임을 생각하여 후배를 인도하려 한다면 항상 자신부터 단속해야 한다."

『광록(廣錄)』

7

응암담화(應庵曇華, 1103~1163) 스님이 명과사(明果寺)에 머무르자 설당스님이 매일같이 그를 찾아가 만났다. 이 일을 가지고 더러 이러쿵저러쿵하는 자가 있자, 설당스님이 말하였다.

"조카 응암은 사람됨이 이익을 좋아하거나 명예를 가까이하지 않고 먼저는 칭찬했다가 뒤에 가서 비방하지도 않으며, 아부하는 모습으로 구차하게 영합하거나 교묘한 말을 할 줄도 모른다. 더욱

이 명백하게 도를 보아서 머무르고 떠남에 자재하니, 납자들 가운데서도 만나 보기 어려운 사람이므로 내가 굳이 그를 소중하게 여긴다."『차암일사(且庵逸事)』

8

배우는 사람은 혈기(血氣)가 심지(心志)를 이기면 소인이 되고, 심지가 혈기를 이기면 단정한 사람이 된다. 올바른 인재는 혈기와 심지가 가지런하여 도를 체득한 현성(賢聖)이 된다. 어떤 사람이 억세고 괴팍하여 곧은 충고를 받아들이지 못함은 혈기가 그렇게 만드는 것이며, 단정한 인재가 착하지 못한 일을 강요당했을 때 차라리 죽을지언정 마음을 바꾸지 않는 것은 심지가 그렇게 만드는 것이다.『광록(廣錄)』

9

고암스님이 운거사(雲居寺)에 머무를 때 보운자원(普雲自圓) 스님이 수좌(首座)가 되었고, 재목감이 될 만한 어떤 스님이 서기(書記),[5] 백양법순(白楊法順, 1076~1139) 스님이 장주(藏主),[6] 법통오두(法通烏頭) 스님이 지객(知客),[7] 정현진목(正賢眞牧, 1084~1159) 스님이 유나(維那),[8] 조카 담화(曇華)스님이 부사(副寺),[9] 조카 덕용(德用)스님이 감사(監寺)[10]로 있었는데, 모두가 덕업이 있는 자들이었다.

조카 덕용스님은 평소에 청렴하고 검약하여 상주물(常住物)인 기름으로 불을 켜지 않자, 조카 담화스님이 그것을 희롱하였다.
"훗날 큰스님이 되려면 모름지기 시초부터 대범해야 합니다. 이렇게 쩨쩨해 가지고서야 되겠습니까?"
이에 덕용스님은 대꾸도 하지 않았다. 덕용스님은 자기 처신에는 검소하였으나, 다른 사람에게는 매우 넉넉하게 베풀었으며, 사방에서 오는 사람을 대접하고 받아들이는 데에도 조금도 권태로운 기색이 없었다. 고암스님이 하루는 그를 보고 말하였다.
"그대의 마음씀은 실로 보기 드물다 하겠으나 그래도 상주물을 살피고 관리하여 소홀하게 낭비함이 없도록 하라."
덕용스님은 이렇게 대꾸하였다.
"제가 물건을 낭비하는 것쯤이야 작은 허물이 됩니다만, 스님께서 훌륭한 사람을 존대하고 인재를 대접하심에 있어서는 바다처럼 산처럼 받아들이셔야 하니, 자잘한 일은 묻지 않아야 실로 대덕이라 할 것입니다."
고암스님은 그저 웃을 뿐이었다. 그러므로 총림에서는 '쓸 만한 그릇'이라 불리게 되었다. 『일사(逸事)』

10
도가 나아가는 방향을 잘 모르는 납자는 스승과 도반을 찾아서 물어야 한다. 한편 선지식은 도(道) 자체만으로는 교화하지 못하기 때문에 납자를 통해서만이 도를 드러낼 수 있다.

이 때문에 절을 주관하는 도덕 있는 스승이 법회를 열면 반드시 훌륭하고 지혜로운 납자가 있게 마련이다. 이것이 "호랑이가 포효하면 차가운 바람이 따라 일어나고, 용이 날면 구름도 따라 일어난다."[11]고 한 것이다.

옛날 강서(江西) 마조(馬祖, 709~788)스님은 백장(百丈, 720~814)스님과 남전(南泉, 748~835)스님을 통해 자신의 대기대용(大機大用)을 드러냈고, 남악(南嶽)의 석두(石頭, 700~790)스님은 약산(藥山, 745~828)스님과 천황(天皇, 748~807)스님을 만남으로써 대지대능(大智大能)이 나타나게 되었던 것이다.

때문에 천 년에 한 번 만나기도 어려운 사이였으므로 서로 법담을 나누면서 의심이 없었으니, 마치 고니가 바람에 나래를 싣고 훨훨 날듯, 큰 물고기가 바다에 나아간 듯 패연(沛然)하여 모두가 자연스러운 형세였다.[12] 그리하여 마침내 총림에 공을 세우고 불조를 더욱 빛나게 하였던 것이다.

스승[先師 : 불안스님]께서 용문사(龍門寺)에 머무르실 때, 하룻밤은 나에게 이렇게 말씀하셨다.

"나에게 덕업이 없어 강호 납자들을 잘 보살펴 주지 못하였으니 결국 동산(東山) 노스님께 부끄럽게 되었구나."

그러시고는 말씀을 마치더니 눈물을 뿌리셨다.

내 보기에 요즈음 남의 스승이 되었노라는 자는 옛사람과 비교할 때 만 분의 일도 안 된다.『죽암에게 주는 글[與竹庵書]』

11

내가 용문사에 있을 때 영원스님은 태평사에 머무르고 있었다. 어떤 소임자가 별 생각 없이 소란을 피우자 영원스님은 자기 스승에게 편지로 이렇게 말하였다.

"곧은 마음으로 도를 행하려니 잘되지 않고, 자신을 굽히고 주지를 하려니 실로 나의 뜻이 아닙니다. 천암만학(千巖萬壑) 사이에 마음을 놓아버리고 매일 풀열매로 배불리 밥 지어 먹으며 여생을 보내느니만 못하겠습니다. 다시 무엇을 그리워하겠습니까."

그리고는 10여 일이 채 못 되어 황룡(黃龍)스님의 허락이 떨어지자 신바람이 나서 강서(江西)로 되돌아가 버렸다.『총수좌기문(聰首座記聞)』

12

영원스님은 납자의 일을 비유로 설명하기를 좋아하였는데, 한번은 이렇게 말하였다.

"옛사람도 말했듯이 이 일은 마치 흙인형[土偶人]과 나무인형[木偶人]을 만드는 것과 같다. 나무인형의 경우, 귀와 코는 일단 크게 해놓고 입과 눈은 우선 작게 만들어 놓고 보아야 한다. 어떤 사람은 틀렸다 하겠지만 큰 귀와 코는 깎아서 작게 할 수 있고, 입과 눈은 작아도 파내서 크게 할 수 있다. 흙인형을 만들 땐 귀와 코는 일단 작게 하고 입과 눈은 먼저 크게 만들어야 한다. 어떤 사람은

틀렸다 하겠지만 작은 귀와 코는 더 빚어 붙일 수 있고, 큰 입과 눈은 좀 떼어 낼 수도 있다."¹³

이 말이 소소한 것 같아도 큰일에 비유할 수가 있다. 납자가 일에 부딪쳐 택하고 버리고 할 때, 깊이 생각하기를 싫어하지 않는다면 진지한 사람이 될 수 있을 것이다. 『기문(記聞)』

13

만암(萬庵)스님이 전송하고 천태산을 넘은 고암스님을 되돌아와서 나에게 이렇게 말하였다.

"덕 높은 관수좌(貫首座)라는 이가 있었는데 경성암(景星巖)에서 30년 동안 은거하면서 그림자가 산문을 벗어나지 않았다. 경용학(耿龍學, ?~1136)¹⁴ 공이 군수가 되어 특별히 서암(瑞巖)에 스님을 모시려 하자 게송을 지어 사양하였다.

삼십 년 간 빗장을 채웠는데
임명장이 어떻게 청산에 이르렀나
좀스러운 세간사로
임하(林下)의 한가한 일생 바꾸지 말라.

三十年來獨掩關(삼십년래독엄관)
使符那得到靑山(사부나득도청산)

休將瑣末人間事(휴장쇄말인간사)

換我一生林下閑(환아일생임하한)

사신의 명령이 거듭 이르렀으나 끝내 나아가질 않았다. 그러자 경공은 요즈음의 산중에 은둔하는 진정한 도류(道流)라 경탄하였다.”

만암스님은 "그곳에도 이 이야기를 기억할 노숙(老宿)이 있겠지." 하고는 이어서 말하였다.

"도의 근본을 체득하지 못하여 생사에 빠지면 부딪치는 경계마다 마음이 일어나 감정을 따라 사념이 요동한다. 그리하여 사나운 마음, 의심하는 마음 때문에 아첨으로 사람을 속이려 권세에 붙어 아부하고 명예를 찾아 이익에 구차해진다. 이렇게 진실을 어기고 거짓을 좇으며 깨달음을 등지고 세속[六塵]에 합하는 일을 사문 납자라면 결코 하지 말아야 할 것이다."

나도 한마디 하였다.

"관수좌도 스님네들 중에 희대의 기상이라 하겠군요."『일사(逸事)』

14

설당스님은 부귀한 집안에서 태어났으나 교만한 자태가 없었다. 몸소 절약하고 근검하여 평소에 재물에 관심을 두지 않았다.

오거산(烏巨山)에 머무를 때 납자 하나가 쇠거울을 바치자 스님은 그에게 말하였다.

"시냇물이 맑아 터럭까지 비추어 볼 만하다. 이를 쌓아 둔들 무엇하겠느냐?"

그리고는 끝내 물리쳐 버렸다. 『행실(行實)』

15

설당스님은 인자하고 진실[忠恕]하며 인격과 재능 있는 사람을 존경하였고, 우스개나 속된 말은 입 밖에 꺼내질 않았으며, 기세를 부리지도 사납게 노하지도 않았다. 세상에 나가느냐 들어앉느냐의 문제에 있어서는 극히 청렴하였는데, 이에 대해 이렇게 말한 적이 있다.

"옛사람은 도를 배워 외물에 대해서 담박하여 별달리 좋아하는 일이 없었으며, 자기의 권세나 지위를 잊을뿐더러 바깥의 성색(聲色)을 버리는 데 이르러서는 마치 애쓰지 않고도 저절로 되는 것 같았다. 그런데 요즈음 납자들은 기량을 다해도 끝내 어찌해 보질 못하니 그 까닭이 무엇일까? 의지가 약하고 일에 집중하지 못하며 요긴하지 않은 일에 매달리기 때문이다." 『행실(行實)』

16

황룡사심(黃龍死心, 1043~1116) 스님은 운암사(雲巖寺)에 살 때, 집안에서 성내고 꾸짖기를 좋아하였으므로 납자들이 모두 멀리서 바라만 보고도 슬슬 피하는 사정이라 혜방(惠方, 1073~1129) 시자가 말하였다.

"불조의 도를 실천하며 인간과 천상을 호령하려는 선지식이라면 갓난아기 보듯 납자들을 보살펴야 할 것입니다. 그런데 스님께서는 자비로운 마음과 따뜻한 손길로 중화(中和)의 가르침을 베풀지는 못할지언정 어찌하여 원수처럼 보았다 하면 꾸짖고 욕을 하시는지요. 이를 어찌 선지식의 마음씀이라 하겠습니까?"

사심스님은 주장자를 가져다 그를 쫓아내며 혼을 내주었다.

"너의 소견이 이 따위니 뒷날 권세 있고 돈 있는 사람에게 붙어 아첨하여 불법을 팔아먹고 세상을 속일 놈임이 분명하구나. 나는 차마 그렇게는 못했기 때문에 엄중한 말로 그들의 뜻을 분발시켰을 뿐이지 어찌 다른 까닭이 있었겠느냐. 그들이 부끄러운 줄을 알고 허물을 고쳐 잊지 않고 생각하여 훗날 좋은 사람이 되게 하려 했을 뿐이다."『총수좌기문(聰首座記聞)』

주
:

1 설당도행(雪堂道行) : 임제종 양기파. 불안청원(佛眼淸遠, 1067~1120) 스님의 법을 이었으며, 남악의 15세 법손이다.
2 남화지병(南華智昺) : 임제종. 불감혜근 스님의 법을 이었으며, 남악 15세이다.
3 이 이야기는 『논어』 「자로(子路)」 13-6의 이야기를 차용한 것으로 보인다. "행동이 바르면 사람이 저절로 따르고 그렇지 못하면 명령을 해도 안 따른다. 몸소, 그리고 친히 실행하지 않으면 백성은 믿고 따르지 않는다."
4 『고존숙어록(古尊宿語錄)』 권29 「서주용문불안화상어록(舒州龍門佛眼和尙語錄)」(X68-190c).
5 문서를 관장하는 직책. 산문의 방(榜)·소(疏)·편지·발원문이 모두 여기에 속한다.
6 경장(經藏)을 관장하며 아울러 경의 이치에 통달한 사람으로, 책의 목록을 작성하고 빠진 것은 보완하며 떨어진 책을 꿰매는 일을 한다.
7 손님을 맡은 직책. 승려나 속인을 만나면 향과 차를 대접한다.
8 대중의 기강을 유지하며 안팎의 절 일을 골고루 관장한다.
9 금·곡식·돈·비단 등의 상주물을 관리하며 식량을 출납한다.
10 아침저녁으로 예불을 부지런히 하며 관리를 대접한다. 모든 일에 경험이 많고 청렴하며 재능 있고 공정·근엄하여 누구에게도 원망 사지 않을 사람으로 하는 것이 상례이다.
11 왕포(王褒)의 「성주득현신송(聖主得賢臣頌)」.
12 왕포(王褒)의 「성주득현신송(聖主得賢臣頌)」 중 '상하구욕(上下俱欲)'
歡然交欣(환연교흔)하고 : 기뻐하며 함께 서로 즐거워합니다.
千載一會(천재일회)면 : 천 년에 한 번 만날까 말까 한 경우로
論說無疑(논열무의)하여 : 대화를 할 때는 의심스러운 것이 없게 하여

翼乎如鴻毛遇順風(익호여홍모우순풍)이오 : 큰 기러기의 털이 순풍을 만 나 나는 듯하며

沛乎若巨魚縱大壑(패호약거어종대학)이라 : 거대한 고기가 큰 골짜기에서 멋대로 헤엄치듯 성대합니다.

13 『대혜보각선사어록(大慧普覺禪師語錄)』권28(T47-931c).
14 경용학(耿龍學)은 송 고종(高宗) 때의 관리 경연희(耿延禧)를 가리킨다. 송 태종의 서적과 문서를 보관하던 용도각(龍圖閣)을 관리하는 직학사(直學士)를 지냈다.

23

이익을 구하는 자는 도를 얻지 못한다

황룡사심(黃龍死心, 1043~1116)¹

1

법수원통(法秀圓通, 1027~1090) 스님이 일찍이 말하기를, "자신은 바르지 못하면서 다른 사람을 바로잡으려는 자를 두고 '덕(德)이 없다.'고 하고, 자신은 공순(恭順)하지 못하면서 남에게 공순함을 강요하는 자를 두고 '예(禮)를 모른다.'고 한다."²고 하였다. 선지식으로서 덕을 잃고 예의에 어긋난다면 무엇으로 후학에게 모범을 보이겠는가. 『영원에게 주는 글[與靈源書]』

2

사심스님이 진영중(陳瑩中, 1060~1124)³에게 말하였다.

"대도(大道)를 구하고자 한다면 우선 마음을 바로잡아야 합니다. 그런데 조금이라도 분해서 화를 낸다거나 좋아서 욕심을 낸다면 바르게 되지 못합니다.⁴ 그러나 자신이 세상에 응해 주는 성현

정도가 되지 않고서야 어떻게 희로애오(喜怒愛惡)가 없을 수 있겠습니까? 다만 '이런 일은 성인이나 하는 것'이라고 멀찍이 미뤄 두어서도 안 됩니다. 그러므로 정도(正道)를 해치지만 않는다면 그런 대로 되었다 하겠습니다." 『광록(廣錄)』

3

단속[節儉]과 자재[放下]는 도에 들어가는 첩경이다. 마음으로 통달하려 하나 되지 못하고, 마음은 깨우쳤다 하더라도 말이 제대로 트이지 못하는 납자를 많이 보게 된다. 누구라서 옛사람을 계승하고 싶지 않겠는가마는 단속과 자재를 놓고 보자면 만에 하나도 없다.

이를 세속에 비하자면 젊은이가 글은 읽으려 하지 않으면서 관리가 되고자 하는 것과도 같으니, 결코 되지 않으리라는 것을 삼척동자라도 다 안다. 『광록(廣錄)』

4

사심스님이 담당(湛堂, 1061~1115)스님에게 말하였다.

"납자 중에서 재주와 식견[才識]에 충신절의(忠信節義)를 겸비한 자가 제일 가고, 재주는 높지 못해도 근실하고 도량이 있는 자는 그 다음쯤이다. 혹 삿된 마음으로 기웃거리다가 형편 따라 태도를 바꾸는 이가 있다면 진실로 소인이다. 이런 이를 대중 속에 방치해

둔다면 반드시 총림을 무너뜨리고 불법 문중을 모독할 것이다." 『실록(實錄)』

5

사심스님이 초당(草堂)스님에게 말하였다.

"주지를 맡은 자는 언행의 요점이 진실과 미더움에 있다. 말이 진실하고 미더우면 반드시 깊게 받아들여질 것이며, 말이 성실하지 못하면 받는 느낌도 따라서 천박할 것이다. 진실하지 못한 말과 미덥지 못한 일은 평소 일반 세속에서도 차마 하지 못하는 것이니, 마을 사람들을 기만한다고 보일까 염려되기 때문이다. 더구나 총림의 주지가 되어 불조의 가르침을 잇고 교화를 선양하면서 말과 행동에 진실과 믿음이 없다면 강호의 납자들 중에 누가 따르겠는가?" 『황룡실록(黃龍實錄)』

6

이익을 구하는 자는 도와 함께하지 못하고, 도를 구하는 자는 이익과 함께하지 못한다. 옛사람은 둘 다 할 능력이 없었던 것이 아니라 그럴 형편이 못 되었기 때문이다. 가령 이익과 도가 함께 되는 것이라면 장사치·백정·여염집·행상꾼들도 모두가 도를 구할 수 있었을 텐데, 하필이면 옛사람들이 부귀와 공명을 버리고 심산유곡에 들어가 번뇌를 끊고서 시냇물을 마시고 나무 열매를 먹으며 일생을 마쳤겠는가.

이익과 도는 상반되는 것이 아니라고 기어코 말한다면, 물이 새는 호리병으로 가마솥을 채우려는 것처럼 될 수 없는 일이다.『한자창에게 주는 글[與韓子蒼書]』

7

스승(회당스님)께서 지난날 동오(東吳) 지방에 계실 때 보았던 이야기라 한다.

원조종본(圓照宗本, 1006~1087) 스님께서 정자사(淨慈寺)에 주지를 맡아 달라는 부탁을 받아 그리로 가자, 소주(蘇州)와 항주(杭州)의 사부대중들은 계속 다투었다. 한쪽에서 "우리 스님을 무슨 이유로 빼앗아 가느냐?" 하면 한쪽에서는 "이제는 우리 스님인데 너희들이 무슨 관계냐?" 하였다.『임간록(林間錄)』에 있다고 한 곳도 있다

8

사심스님이 취암사(翠巖寺)5에 살 때, 각범(覺範)스님이 남해로 귀양 가다가 남창(南昌)을 지난다는 소문을 듣고 산중으로 일부러 맞이하여 여러 날을 대접하고 후한 예의로 전송하였다. 이 일로 어떤 사람이 사심스님에게 희로의 감정이 일정치 않다고 하자 스님은 말하였다.

"각범은 덕이 있는 납자이다. 지난날 그에게 모난 성미를 버리라

고 간곡히 충고했으나 지금 뜻밖의 일에 걸리고 말았다. 이렇게 된 것은 그의 타고난 분수이고, 나는 평소 총림의 도의대로 처신하여 그를 대했을 뿐이니, 식견 있는 자라면 내가 다른 사람에게 사사로운 마음이 없기 때문에 이렇게 대할 수 있었다고 생각할 것이다."
『서산기문(西山記聞)』

9

사심스님이 초당선청(草堂善淸, 1057~1142) 스님에게 말하였다.

"회당스님께서는 이런 말씀을 하셨다.

'사람의 마음이 관대하고 후한 것은 천성이니, 억지로 사납게 하면 반드시 오래가지 못하고, 매섭게 하여 오래가지 못하면 도리어 소인에게 업신여김을 당한다. 그런데 삿되고 바른 경우와 악하고 선한 경우 역시 본래부터 그런 것이므로 모두가 변화되기 힘들다. 오직 중간 정도의 성품은 올라가기도 쉽고 내려가기도 쉬우므로 따라서 교화할 만한 것이다.'"『실록(實錄)』

주
:

1   황룡사심(黃龍死心) : 임제종 황룡파. 황룡조심(黃龍祖心, 1025~1100) 스님의 법을 이었으며, 남악의 13세 법손이다.
2   『효경(孝經)』「성치장(聖治章)」.
3   화엄거사(華嚴居士). 영원유청(靈源惟淸, ?~1117) 스님의 제자.
4   『대학(大學)』「전지(傳之)」 7장.
5   취암사(翠巖寺) : 남창부(南昌府) 부성(府城) 40리 서산(西山)에 있는 절. 처음에는 상연사(常緣寺)라고 하다가 남당(南唐) 때에 취암광화사(翠巖廣化寺)라고 이름을 바꾸었다. 송대(宋代) 이후 분양선소(汾陽善昭)의 제자 대우수지(大愚守芝)를 필두로 해서 석상초원(石霜楚圓)의 제자 가진(可眞)과 황룡조심(黃龍祖心)의 제자 사심(死心) 등 많은 선사들이 머물렀다.

24

사념이 일어나기 전에 다스리다

초당선청(草堂善淸, 1057~1142)[1]

1

들판을 태우는 불도 반딧불만한 작은 불씨에서 발생하고,[2] 산을 쓸어버리는 물도 졸졸 흐르는 물에서부터 샌다. 물이 적을 때는 한 움큼의 흙으로도 막을 수 있지만 크게 불어나면 나무와 돌을 쓸어내고 언덕을 덮어 버리며, 불이 약할 땐 한 국자의 물로도 끌 수 있지만 활활 타오르면 산과 마을까지 번진다.

사람의 마음이 저 물난리 같은 애욕이나 불길 같은 성냄과 무엇이 다르겠는가? 옛사람은 마음을 다스릴 때 감정과 사념이 일어나기 전에 막았다. 그러므로 적은 노력으로 큰 효과를 거두었다.

정념(情念)과 본성이 뒤섞여 애오(愛惡)의 감정이 서로 싸우는 데 이르면 자신의 삶을 망치고, 남까지도 망쳐 위태한 지경이 되니 그때 가서는 어쩌지 못한다. 『한자창에게 주는 글[與韓子蒼書]』

2

주지하는 데는 별다른 묘수가 없다. 요컨대 대중의 마음을 살피고 상하를 두루 아는 데 있다. 인정(人情)을 살피면 안팎이 조화롭고 상하가 통하면 모든 일이 정리되니, 이것이 안정되게 주지하는 방법이다. 한편 대중의 마음을 살피지 못하여 아랫사람의 마음이 위로 통하지 못하면 상하가 어긋나서 되는 일이 없으니 이것이 주지가 망하는 원인이다.

혹 주지가 총명한 자질은 지녔으되 편견을 고집하기를 좋아하면 남의 마음을 이해해 주지 못하고서 모든 사람의 의견을 버리고 자기의 권세만 지중히 여겨 공론(公論)을 폐지하고 사사로운 은혜를 베풀게 된다. 그리하여 드디어는 선(善)으로 나아가는 길을 점점 막히게 하고, 대중을 책임지는 도를 더욱 약하게 하며, 자기가 아직 보지도 듣지도 못한 것은 헐뜯고, 익숙하고 가려진 데에 안주한다. 그러고서도 주지로서 크게 경영하고 멀리 전하려 한다면, 이는 뒷걸음치며 앞으로 나아가려는 격으로 끝내 되지 못한다. 『산당에게 주는 글[與山堂書]』

3

납자라면 반드시 정당하게 처신하여 다른 사람들이 뒷공론을 하지 못하게 해야 한다. 한 번 구설수에 걸렸다 하면 죽을 때까지 뜻을 펴지 못한다.

옛날 대양평(大陽平, 942~1027)³ 시자는 학문으로는 총림에서 추대받고 존중되었으나 마음가짐이 바르지 못했기 때문에 식자들의 비난을 사고, 결국엔 평생 곤란한 지경에 빠져 지내다가 죽을 때 가서도 의지할 곳이 없었다.

그러나 어찌 납자에게 있어서일 뿐이랴. 어느 곳의 주지라면 더욱 행여하는 마음으로 조심해야 한다. 『일 서기에게 주는 글[與一書記書]』

4

초당스님이 여(如)스님에게 말하였다.

"회당 선사(先師)께서는 이렇게 말씀하셨다.

'많은 대중 가운데서는 훌륭한 사람이나 어질지 못한 사람이나 줄지어 와서 교화의 문이 넓어진다. 그 사이에는 친소가 용납되지 않으니 다만 조금의 인재를 정선해 낼 수 있을 뿐이다. 즉 재주와 덕이 인망(人望)에 부응하는 자라면 자기가 그에게 노(怒)할 일이 있다고 멀리해서는 안 되며, 또 식견(識見)이 용렬하여 대중들에게 미움을 받는 자라도 자기가 그를 사랑한다고 친하게 해서도 안 된다. 이렇게 하면 훌륭한 사람은 제대로 올라가고 못난 사람은 자연히 물러나 총림이 편안해진다.

주지하는 자가 사심 드러내기를 좋아하여 희로의 감정을 멋대로 하면서 남을 승진시키고 물러나게 할 경우, 현자는 입을 다물고 못난 사람이 다투어 승진하므로 기강이 문란해져 총림이 폐지된다.

이 두 가지야말로 주지의 큰 바탕이다. 실로 이를 살펴서 실천한다면 가까이는 사람들이 기뻐하고 멀리로는 이름이 퍼진다. 그렇게 되면 도가 시행되지 않고 납자들이 흠모하며 찾아오지 않을까 무엇을 염려하겠는가."『소산석각(疎山石刻)』

5
초당스님이 수좌(首座) 공(空)스님에게 말하였다.

"총림이 생긴 이래로 석두(石頭)·마조(馬祖)·설봉(雪峰)·운문(雲門)스님만큼 제대로 사람을 만난 경우는 없다. 근래에는 황룡(黃龍)·오조(五祖) 두 분 노스님만이 사방의 뛰어난 납자를 받아들여, 그릇과 도량의 정도나 타고난 재능의 여부에 따라 발탁해서 채용했을 뿐이다.

이를 비유하면 경쾌한 수레에 준마를 채우고 여섯 가닥 고삐 잡고 힘차게 채찍질하며 당겼다 놓았다 함이 눈짓하는 사이에 있는 것과도 같다. 이런 기세로라면 어딘들 못 가겠는가."『광록(廣錄)』

6
주지하는 일은 별다른 것이 없다. 요는 편파적으로 듣고 자기 멋대로 하는 폐단을 조심하는 데 있으니, 먼저 받아들인 말에만 기울이지 않는다면 소인이 아첨하면서 영합하려는 참소에 현혹되질 않을 것이다.

여러 사람의 감정은 한결같지 못하고 지공(至公)한 의논은 드물기 때문에 모름지기 이로움과 병통을 보아서 가부를 살핀 뒤에 시행해야 한다.』『소산실록(疎山實錄)』

7

초당스님이 산당(山堂, 1079~1162)스님에게 말하였다.

"모든 일은 시비가 아직 밝혀지기 전에는 반드시 조심해야 하며, 시비가 밝혀지고 나면 이치로 해결하되 도가 있는 경우라면 의심치 말고 결단해야 한다. 이렇게 하면 간교한 사람이 현혹하지 못하고 억지 변론으로 결단을 바꾸지도 못한다."『청천재암주기문(淸泉才菴主記聞)』

주:

1   초당선청(草堂善淸) : 임제종 황룡파. 황룡조심 스님의 법을 이었으며, 남악의 13세 법손이다.
2   『서경(書經)』 반경(盤庚). 은(殷)나라는 상(商)이라고도 했는데, 기원전 1384년에 제19대 왕 반경(盤庚)이 경(耿)에서 은(殷)으로 천도함으로써 그렇게 불리게 됐다. 그가 천도를 결심하게 된 것은 도읍이 황하에 너무 인접해 있어 홍수 때문에 국정을 펴기 힘들었기 때문이다. 하지만 백성들은 현재의 도읍을 고집하고 천도를 별로 달가워하지 않았다. 반경은 문무백관과 백성을 열심히 설득했지만 여론이 악화되자 걱정이 되어 말했다. "일부에서 유언비어를 퍼뜨려 선동하고 있는데 자신을 해치고 나라를 좀먹는 행위다. 그런 사람에게는 엄벌을 내릴 것이다." 이렇게 경고를 한 다음 그는 덧붙여 자신의 단호한 의지를 천명했다. "불이 들판을 태우면 그 엄청난 기세에 눌려 감히 접근할 수 없다. 그러나 나는 마음만 먹으면 그 불을 끌 수 있다."
3   대양경현(大陽警玄) : 조동종. 양산연관(梁山緣觀) 스님의 법을 이었다.

25

생사의 갈림길에서도 도를 바탕 삼다

산당도진(山堂道震, 1079~1162)¹

1

산당도진(山堂道震) 스님이 처음 조산(曹山)에 주지하라는 명령을 물리치자 군수가 글을 보내 권하였다. 스님은 이렇게 사양하였다.

"좋은 음식을 먹고 명예나 탐하는 납자가 되려 한다면 초의(草衣)를 입고 먹지 않으며 산에 은둔하는 야인(野人)이 되느니만 못합니다."『청천재암주기문(清泉才菴主記聞)』

2

뱀과 호랑이는 올빼미와 소리개의 천적은 아니지만 올빼미와 소리개가 울부짖는 것은 무엇 때문일까? 뱀이나 호랑이에게 딴 마음이 있기 때문이다. 소와 돼지는 까치가 타고 놀 것은 아닌데도 까치가 모여서 타고 노는 이유는 무엇 때문일까? 딴 마음이 없기 때문이다.²

옛날에 조주(趙州)스님이 어떤 암자를 방문하였는데 주지가 생반(生飯)³을 내왔다. 조주스님이 "까마귀는 어째서 사람만 보면 날아가 버릴까?" 하고 말하자, 주지는 망연하게 어찌할 바를 몰랐다. 드디어는 앞의 얘기를 받아서 조주스님에게 묻자, 스님은 이렇게 대답하였다.

"나에게 살생하려는 마음이 있기 때문이다."

이 때문에 남을 의심하면 그 사람도 나를 의심하며, 외물(外物)을 잊어버리면 외물도 나를 잊게 된다. 옛사람이 독사나 호랑이와 짝을 하고 놀았던 것은 이 이치를 잘 통달했기 때문이다.

방거사(龐居士, ?~808)가 말하기를, "무쇠소[鐵牛]가 사자의 포효를 두려워하지 않음이 목인(木人, 나무인형)이 화조(花鳥)를 보는 것과 같다"⁴라고 하였는데 극진한 말씀이라 하겠다. 『주 거사에게 주는 글[與周居士書]』

3

아랫사람을 거느리는 방법은 은혜로우면서도 지나치게 베풀어서는 안 되니 지나치면 교만해지기 때문이며, 위엄스러우나 사나워서도 안 되니 사나우면 원망을 듣게 되기 때문이다.

은혜를 베풀어도 교만해지지 않고 위엄스러워도 원망을 듣지 않게 하려면, 은혜는 반드시 공을 세운 사람에게 베풀고 아무에게나 함부로 주어져서는 안 되며, 위엄은 반드시 죄 지은 사람에게 가해져야지 무고한 사람에게 엉뚱하게 미쳐서는 안 된다. 이렇게 하면 은혜가 후하다 해도 대중들에게는 교만함이 없고, 태도가 근엄해도 원망이 없다.

칭찬하기에 부족한 공로인데도 상이 너무 후하거나 벌할 정도의 죄가 아닌데도 벌이 너무 무거울 경우, 소인이라면 교만과 원망을 내게 마련이다.5 『장 상서에게 주는 글[與張尚書書]』

4

불조의 도는 중도(中道)를 얻는 데 있을 뿐이니 중도를 지나치면 치우치고 삿되게 된다. 또한 모든 일에 자기 의사를 끝까지 고집해서는 안 되니 그렇게 하면 환란이 생긴다. 예나 지금이나 절제하고 조심하지 않으면 거의 위태로워서 망하는 지경에 이르는 경우가 많다.

그렇다면 누구라서 허물이 없겠는가마는 오직 어질고 지혜로운 인재만이 허물을 고치는 데 인색하지 않으니 그것을 훌륭하다고 칭찬하는 것이다. 『장 상서에게 주는 글[與張尚書書]』

5

산당스님이 상서(尚書) 한자창(韓子蒼)·만암도안(萬庵道顔) 수좌·정현진목(正賢眞牧) 스님과 함께 운문암(雲門庵)으로 피난을 하였다.
한공이 이런 차에 만암스님에게 물었다.

"근래에 들으니 이성(李成)의 군사에게 잡혔다더니[6] 무슨 수로 빠져나올 수 있었는지요?"

그러자 만암스님이 대답하였다.

"포로가 되었을 때, 추위와 배고픔에 여러 날을 시달리다 결국 '죽겠구나.' 하고 생각했었는데 우연히도 큰 눈이 내려 집을 덮어버리자 묶여 있던 벽이 까닭 없이 무너지더군. 그날 밤에 요행히 탈출한 사람이 백여 명이나 되지."

한공은 다시 물었다.

"꼼짝없이 붙잡혀 있었다면 어떻게 빠져나오려 하였습니까?"

만암스님이 대꾸를 않자, 공은 거듭 따졌다. 스님은 "그걸 말해 뭘 하겠나. 우리는 도를 배워 바른 이치[義]로 바탕을 삼았으므로 죽으면 그만일 뿐 무엇을 두려워 했겠는가?"라고 하였다. 그러자 한공은 턱을 끄덕이며 수긍하였다.

이로부터 선배들이 세속의 환란을 당해서 사생을 다툴 때 모두 처신과 결단이 있었다는 것을 알게 되었다. 『진목집(眞牧集)』

6

산당스님이 백장산(百丈山)으로 물러나 있을 때 한자창에게 말하였다.

"옛날에 벼슬을 맡았던 자들은 덕도 있고 명(命)도 있었다. 그렇기 때문에 간곡히 세 번씩이나 청해야 나갔고, 일단 마음만 먹으면 물러나 버렸다. 그런데 요즈음 벼슬하는 자들은 오직 권세를 위할 뿐이다. 나가고 물러나는 처신을 알아서 바른 도를 잃지 않는 자라면 현명하고 지혜롭다 하겠다."7 『기문(記聞)』

7

산당스님이 야암(野庵)스님에게 말하였다.

"주지는 마음을 공정하게 가져야 한다. 일을 해나가는 데에 반드시 자기에서 나와야만 옳고 다른 사람은 잘못이라고 여기지만 않는다면, 사랑과 증오의 차별된 감정이 마음에서 생기지 않고, 거칠고 오만하며 삿되고 치우친 기색은 들어갈 곳이 없다."8 『환암집(幻庵集)』

8

이상로(李商老)는 이렇게 말하였다.

"묘희종고(妙喜宗杲, 1089~1163) 스님은 도량이 넓고 누구보다도 절의(節義)가 굳으며 배우기를 좋아하여 게을리하지 않았다. 효순노부(曉舜老夫, 1009~1090) 스님과 보봉극문(寶峰克文, 1025~1102) 스님을 사오 년 가까이 모셨는데, 열흘만 보지 못해도 반드시 사람을 보내 문안을 드렸다. 우리집 식구가 온통 종기를 앓자 스님은 집으로 찾아와 몸소 약을 달여 주며 자식이 어버이를 섬기듯 예의를 다하였다. 되돌아왔을 때 수좌 도원(道元)스님이 그 일을 나무라자 그저 '예예' 하면서 꾸지람을 달게 받아들였다. 식견 있는 자들은 여기서 스님이 큰 그릇이라는 것을 알았다."

담당스님은 이런 말을 한 적이 있다.

"종고시자(宗杲侍者, 묘희)는 전에도 만난 적이 있는 사람인데, 내 안타깝게도 알아보지 못하였구나."

담당스님이 죽자, 묘희스님은 발에 못이 박히도록 천리 길을 달려가 저궁(渚宮)의 무진거사(無盡居士, 장상영)를 방문하고 탑명(塔銘)을 부탁하였으니, 담당스님이 죽은 뒤 세상에 알려질 수 있었던 것은 스님의 힘이라 하겠다.『일섭기(日涉記)』

주:

1 산당도진(山堂道震) : 늑담선위(泐潭善濟) 스님의 법을 이었으며, 남악의 14세 법손이다.
2 담자(譚子),『화서(化書)』권3,「이심(異心)」.
3 재나 공양 때 귀신이나 짐승을 위해 조금씩 떼어낸 음식.
4 "鐵牛不怕師子吼(철우불파사자후) 恰似木人見花鳥(흡사목인견화조)".『방거사어록(龐居士語錄)』권3(X69-142c).
5 『논어』「양화(陽貨)」17.
6 남송(南宋) 고종(高宗) 소흥(紹興) 원년(1131)에 있었던 난.
7 『주역(周易)』"건괘(乾卦)".
8 『설원(說苑)』제19「수문(修文)」.

26

깨닫고 교화하는 일은
혼자만으로는 될 수 없다

묘희종고(妙喜宗杲, 1089~1163)[1]

1

담당스님은 옛 성현들의 글[書帖]을 얻을 때마다 반드시 예불하고 열어 보았으며, 더러는 "앞 성인의 커다란 인격과 명성을 어떻게 차마 버려 두겠는가."라고 하면서 돌에다 새기곤 하였다.

스님은 이토록 고상했기 때문에 죽는 마당에 단돈 열 냥을 모아 놓은 것이 없고 다만 당송(唐宋) 모든 성현들의 저서 두 바구니만을 남겼을 뿐이었다. 이에 납자들이 앞다투어 말을 전하여 돈 8만 냥을 모아 다비식을 도왔다. 『가암집(可庵集)』

2

불성(佛性)스님이 대위산(大潙山)에 머무를 때, 행자(行者)와 농부가 서로 치며 싸우는 것을 보고 행자만을 나무라자 문조초연(文祖超然) 스님이 한마디 하였다.

"농부를 놓아두고 행자만 꾸짖고 욕을 보이려 한다면 위아래의 명분을 잃을 뿐만 아니라, 소인이 그 틈을 타 업신여기고 태만하여 일이 진행되지 않을까 매우 염려됩니다."

그러나 불성스님은 들어주지 않았다. 오래지 않아 과연 소작인이 일 맡은 사람을 죽인 일이 벌어지고 말았다. 『가암집(可庵集)』

3

문조초연 스님이 앙산(仰山)에 머무를 때, 지객(地客)이 절에서 일용할 곡식을 훔쳤다. 스님은 평소 지객을 의심해 왔으므로 그를 내보내려는 뜻으로 창고를 맡은 행자에게 그가 바쳤던 그 동안의 공납문서를 만들라고 하였다. 행자는 지객을 감싸주고자 스님의 의도를 살피고서 도리어 지객 소임에서 물러나는 문서를 만들라고 그에게 알려주고는 되돌아와 울부짖게 하였다. 그리고는 곡식 관리에 대한 책임 추궁을 들으려 하지 않았다.

스님은 행자가 권세를 멋대로 한다고 노하면서 두 사람 모두에게 죽비로 결단했을 뿐이다.

스님은 행자에게 은근히 속임수를 당했다는 것을 몰랐던 것이다. 아아, 소인의 교활함이 이러하다. 『가암집(可庵集)』

4

사랑하고 미워하는 차별된 감정은 인지상정(人之常情)으로 인격

이 트이고 지혜가 밝은 사람이라야 그 부림을 당하지 않는다.²

옛날 원오스님이 운거산에 머무를 때 고암스님은 동당(東堂)으로 물러나 있었는데, 원오스님을 좋아하는 사람은 고암스님을 싫어하고, 고암스님과 어울리는 자는 원오스님을 괴이하게 여겼다. 이렇게 하여 총림이 어수선해져서 원오 무리와 고암 무리가 나뉘게 되었다. 그런데 나름대로 두 스님을 관찰해 보았더니 변두리까지 큰 명성을 떨칠 정도로, 보통사람으로서는 비교할 바가 아니었다.

애석하다. 소인이 아첨하는 말을 경솔하게 믿고 총명한 이를 혼란시켜 결국에는 식견 있는 자들의 비웃음거리가 되었도다. 이 때문에 양좌주(亮座主)³나 은산(隱山)⁴ 같은 부류가 되어야 고상한 인재라 할 수 있다.

5

옛사람은 선(善)을 보면 실천하고 허물이 있으면 고쳤다.⁵ 덕을 닦아 실천하고 죄 면하기를 생각하여 허물이 없도록 했다. 또한 자기의 단점을 모르는 것보다 심한 병통이 없으며, 자기 허물에 대해 충고 듣기를 좋아하는 것보다 훌륭한 장점이 없다고 여겼다. 그렇긴 하나 어찌 옛사람이 재주와 지혜가 부족하고 식견이 분명하질 못하여 그렇게 했겠는가. 실로 자신의 잘난 점으로 남을 업신여기는 후학에게 경계를 주고자 함이었을 것이다.

광대한 총림과 세상의 많은 무리들을 혼자서 다 알 수는 없다. 반드시 좌우의 이목과 사려를 의지해야만 극진한 이치를 깨닫고 사람들의 마음을 순화시킬 수 있다.

혹은 자기만 높은 체하면서 자잘한 일에 엄격하고 큰일은 소홀히 하며, 훌륭한 사람인지 어질지 못한 자인지도 살피지 못한다. 그리하여 그릇된 일도 고칠 줄 모르고 옳은 일은 따르지 않으며 미친 듯이 제 뜻대로만 하면서도 거리낌없다면 이것이 실로 재앙의 기반이니 어찌 두려워하지 않겠는가.

혹 좌우에 물어볼 만한 사람이 없다 해도 옛 성인을 본받으면 될 것이니, 마치 튼튼한 성벽과 날랜 군사로 지키는 것처럼 들어갈 틈이 없도록 해서는 안 된다. 그렇게 한다면 이른바 모든 시냇물을 받아들여 바다를 이룬다고 하는 큰 도량이 못 된다.『보 스님에게 주는 글[與寶和尙書]』

6

곳곳에서 큰스님[長老]을 추대하려면 반드시 도를 지키며 담담하게 물러나 있는 자로 해야 한다. 그런 사람을 추대하면 지조와 절개가 더욱 견고하여 가는 곳마다 상주물을 축내지 않고 총림의 일을 해내며, 또한 법을 주관하는 자로서 오늘의 폐단을 바로잡을 것이다.

그런데 아첨하는 교활한 무리들은 부끄러운 줄 모르고 높은 사람에게 가서 붙기도 하고 권력 있는 집과 결탁하기도 하니, 하필 또 그런 사람을 추천하려 하는 건지.『죽암에게 주는 글[與竹庵書]』

7

묘희스님이 초연거사(超然居士)에게 말하였다.

"모든 일에 대중의 여론을 폐지해서는 안 됩니다. 시행되지 못하도록 억누른다 할지라도 그것이 여론일진대 어찌하겠다는 것입니까? 그러므로 총림에서 도 있는 인재를 하나 추천하면 보고 듣는 사람들이 반드시 기쁜 마음으로 칭찬하고, 혹 한 번이라도 진실치 못하고 합당하지 않은 자를 추대하면 많은 사람들이 반드시 근심스럽게 탄식을 하니, 이는 실로 다름이 아니라 공론(公論)이 시행되느냐 아니냐의 문제이기 때문입니다.

아아, 이로써 총림의 성쇠를 점칠 수 있겠습니다."『가암집(可庵集)』

8

단속[節儉]과 자재[放下]는 자기를 닦는 기반이며, 도에 들어가는 요체이다. 옛사람을 쭉 관찰해 보았더니 이러하지 않은 사람이 드물었다. 그런데 요즈음 납자들은 형초(荊楚)에 유람하면서 갖가지 이불을 사들이고 절강(浙江) 가를 지나면서 비단을 구하니, 옛사람에게 부끄럽지 않을 수 있겠는가.

9

고덕(古德)들은 주지를 하면서 상주물을 직접 관리하지 않고 모두 일 맡은 자에게 일임했다. 그런데 근래의 주지하는 자들은 재력을 믿고서 큰 일 작은 일 할 것 없이 모조리 방장(方丈)으로 되돌려 버린다. 그리하여 일을 맡은 사람은 부질없이 헛된 이름만 있을 뿐이다.

슬프다. 구차하게 제 한 몸의 재주로 굳이 온 절의 일을 쥐고 흔든다. 그러고서 소인에게 속지 않고 기강의 문란 없이 지당하고 공평한 여론에 맞기를 바라나, 어렵지 않겠는가. 『산당에게 주는 글[與山堂書]』

10

양(陽)이 다 되면 음(陰)이 생기고 음이 끝간 데서 양이 생기니,[6] 성쇠가 서로 맞물려 있는 것이 바로 천지 자연의 운행법칙이다. 형통하다는 뜻을 가진 풍괘[豊亨]는 한낮[日中]에 해당한다. 그러므로 "해가 정오가 되면 기울고, 달도 가득 차면 이지러진다."[7]고 했던 것이다. 이렇듯 천지의 가득 차고 이지러지는 것도 시절에 따라 없어지니, 더구나 사람의 경우이겠는가.

그러므로 옛사람은 혈기가 한창일 때 세월이 쉽게 가 버림을 염려하여 아침저녁으로 반성하고 삼가 더욱 조심하였다. 그리하여 자기감정과 욕구를 멋대로 하지 않고 도만을 구하여 결국에는 명예를 보전할 수 있었던 것이다.

  한편 방일한 욕구에 떨어지고 방자한 감정으로 잘못되어 거의 구제가 불가능하게 된 경우, 그제서야 팔다리를 걷어붙이며 돌이키려 해도 이미 늦은 것이다. 기회란 만나기는 어려워도 놓치기는 쉽기 때문이다.[8] 『향림서(薌林書)』

11

  옛사람은 우선 도 있는 이를 선택하고, 다음으로 재주와 학문 있는 이를 추천하여 필요한 시기에 등용하였다. 그런데 실로 쓸 만한 그릇이 아닌데도 자기를 사람들 앞에 내세우는 자는 대체로 식견이 천박한 경우가 많았다. 그래서 납자들이 명예와 절개를 가다듬어 남 앞에 설 것을 생각하였던 것이다.

  요즈음 총림이 시들고 상하는 이유를 살펴보았더니 납자들이 도덕은 돌아보지 않고 절개와 의리가 없으며 염치를 무시하는 한편, 순수하고 소박한 사람을 촌스럽다 나무라고, 들떠서 떠들어대는 사람을 빼어나고 민첩하다고 부추기기 때문이었다.

  이 때문에 후학들이 식견이 분명하질 못하여 대강 한 번 훑거나 남의 이론을 베껴 말재주나 채우는 밑천으로 삼는다. 이런 현상은 갈수록 더하여 드디어는 얄팍한 풍조를 이루었다.

  더구나 성인의 도에 대해 대화하는 데 있어서는 깜깜하기가 마치 담장을 마주하고 있는 것과도 같으니, 거의 구제가 불가능할 지경이다.『한자창에게 주는 글[與韓子蒼書]』

12
옛날 회당스님이 황룡사『제명기(題名記)』를 지었는데, 거기에 이런 내용이 들어 있다.

옛날 납자들은 바위굴에 거처하며 풀뿌리를 먹고 풀옷을 입고 살면서 명성과 이익에 마음이 얽매이지 않았으므로 관부(官府)에는 이름조차 오르지 않았다. 그러다가 위(魏)·진(晋)·제(齊)·양(梁)·수(隋)·당(唐) 이래로 비로소 절을 지어 사방의 납자를 모으고서 훌륭한 사람을 선택하여 못난 이를 바로잡고 지혜로운 사람에게 어리석은 자를 이끌어 주도록 하였다. 이때부터 손님과 주인이 있게 되었고, 상하의 질서가 나뉘게 되었다.

전국 각지의 사람들이 한 절에 모여들었으니, 그 책임을 맡은 사람은 실로 잘해 내기가 어려웠다. 그런데도 큰 문제는 잘 다루고 자잘한 것은 버리며, 급한 일부터 하고 덜 급한 일은 뒤로 돌려 사사로운 계책을 꾸미지 않고 오로지 대중을 이롭게 하는 데에 요점을 두었던 것이니, 요즈음 허둥지둥 한 몸만을 도모하는 자와는 실로 천지차이였다.

이제 나 황룡은 뒷날 보는 자들이 한 스님씩 지목하며 '어느 스님은 도덕이 있었고, 어느 스님은 인의(仁義)가 있으며, 누구는 대중에게 공정하였고, 아무개는 자기만을 위하였다'고 할 수 있도록 역대 주지의 이름을 돌에다 새겨 놓았으니, 아아, 두려워하지 않을 수가 있겠는가.『석각(石刻)』

13

시랑(侍郎)인 장자소(張子韶)⁹가 묘희스님에게 말하였다.

"선림에서 수좌라는 직책은 훌륭한 사람을 선발하는 지위입니다. 그러나 지금 총림에서는 잘난 이 못난 이 할 것 없이 으레 이것을 요행을 바라는 미끼로 여기는데, 이것 역시 주지의 잘못입니다.

그렇다면 상법과 말법시대엔 실로 그 적임자를 만나기 어렵다 하겠습니다. 가령 그 행동이 보다 우수하고 인격과 재주가 대체로 갖추어져 염치(廉恥)와 절의(節義)를 아는 자를 그 자리에 앉게 한다면 약간은 나아질 것입니다."『가암집(可庵集)』

14

묘희스님이 자소에게 말하였다.

"근대의 주지로는 진여모철(眞如慕喆, ?~1095) 스님만한 이가 없고, 총림을 보필하는 자로는 양기(楊岐, 992~1049)스님만한 이가 없다. 또한 알 만한 사람들은 자명(慈明, 986~1040)스님의 진솔(眞率)함에 대해 '하는 일은 소홀하였으나 전혀 꺼리고 숨기는 일이 없었다.'고 평한다.

양기스님은 자기 몸을 잊고 스승을 섬기면서 빠진 일은 없을까, 혹은 완전하지 못할까 염려하였다. 심한 추위나 더위에도 자기의 급한 일로 게으른 모습을 보인 적이 없었다. 남원(南源)에서 시작하여 흥화(興化)에서 마치기까지 근 30년 동안 자명스님의 세대가 다할 때까지 기강을 총괄하였다.[10]

진여스님의 경우는 처음 보따리를 싸들고 행각하면서부터 세상에 나가 대중을 거느릴 때까지 주리고 목마른 사람보다도 더 법을 위해 자신을 잊고 지냈다. 아무리 급한 경우라도 당황하는 기색이 없었고, 말을 정신없이 하는 법이 없었다. 또한 여름에도 창문을 열지 않았고, 겨울에도 불을 때지 않았다. 방에서 여유롭게 지내며 책상에는 먼지가 가득하였다. 한번은 이렇게 말한 적이 있다.

'납자가 안으로 고명한 지혜와 넓은 안목이 없고, 밖으로 엄한 스승과 좋은 도반이 없다면 큰 인물 되기가 어렵다.'

그리하여 당시에 상식을 넘어설 정도로 고집스럽기는 영부철각(永孚鐵脚) 스님과 같았고, 굽히지 않기로는 법수원통(法秀圓通) 스님과 같아 모든 사람들이 그의 풍모만 바라보아도 바람에 풀이 눕듯 하였던 것이다.

아아, 이 두 노스님은 천 년에 한 번도 있기 어려운 납자의 귀감이라 하겠다." 『가암기문(可庵記聞)』

15

자소와 묘희스님과 만암스님, 이렇게 세 사람이 함께 앞채 수좌 오본(悟本)스님에게 문병을 갔다. 묘희스님이 "수행자라면 몸이 편안해야 도를 배울 수 있다."고 하자, 만암스님은 곧바로 "그렇지 않다. 꼭 도를 배우려 한다면 몸 따위를 생각해서는 안 된다."고 반박하니 묘희스님이 말하였다.

"이런 꼭 막히고 틀어진 사람 보게나."

자소는 묘희스님의 말을 소중히 여기기는 했으나 끝내 만암스님의 말이 타당하다고 여겨 아끼게 되었다. 『기문(記聞)』

16

자소가 묘희스님에게 물었다.

"지금 주지는 무엇을 우선해야 합니까?"

스님이 대답하였다.

"납자들을 편안하게 하는 일은 사중재산을 잘 관리하면 될 뿐이다."

그때 만암스님이 좌중에 있으면서 그렇지 않다고 반박하였다.

"상주물의 소득을 계산하여 불필요한 경비를 잘 조절하고 그것을 쓰는 데 법도가 있으면 돈과 곡식은 이루 세지도 못할 것이니 뭘 그다지 염려하겠는가. 그렇다면 현재 주지는 도를 간직한 납자를 얻는 것을 우선해야 할 뿐이다. 설사 주지가 슬기로운 계책이 있어 10년 먹을 양식을 비축할 수 있다 해도 그 자리에 도를 간직한 납자가 없다면 옛 성인이 말씀하신 '앉아서 신도들의 시주만 소비하면 하늘을 우러러 부끄럽다.'고 한 것이니, 주지에게 무슨 도움이 되겠는가."

자소는 말하였다.

"수좌의 말씀이 지당합니다."

묘희스님은 만암스님을 되돌아보며 말하였다.

"하나같이 모두 만암 당신 같은 얘기구먼."

그러자 만암스님이 그만두었다. 『가암집(可庵集)』

주
:

1 묘희종고(妙喜宗杲) : 임제종 양기파. 불과극근(佛果克勤, 1063~1115) 스님의 법을 이었으며, 남악의 15세 법손이다. 후에 운거산(雲居山) 서쪽 옛날 운문사(雲門寺)의 옛터에 초암을 짓고 20여 년을 지내다 우연히 죽암사규 스님을 만나 함께 송고(頌古) 백여 편을 저술하였는데『선림보훈』은 이때 편집한 것이다.

2 『논어』「자한(子罕)」.
3 양좌주(亮座主) : 서촉인으로서 경론(經論)을 강의하다가 사조를 참례한 후 대의(大意)를 깨닫고 이후 홍주의 서산에 은둔하였다. 정화(政和) 연간(1111~1117)에 웅수재(熊秀才)가 서산에 유람하다가 우연히 한 스님을 숲속에서 만났는데 낙엽을 엮은 옷을 입고 반석 위에 앉아 있는데 그 모습이 흡사 그림 속의 부처님 같았다. 웅수재는 스스로 생각하기를, '저 이가 옛날에 듣던 양좌주인가' 하고는 "혹시 양좌주가 아닙니까?"라고 물었다. 그러자 스님은 동쪽을 가리켰다. 웅수재가 그 방향을 보다가 시선을 되돌렸더니 스님은 간 곳이 없었다. 때마침 가랑비가 내리고 있었는데 그 스님이 앉았던 반석은 말라 있었다.
4 은산(隱山) : 담주의 용산(龍山)스님. 마조스님을 참례한 후 심요(心要)를 깨닫고는 담주의 용산(龍山)에 은둔하여 은산(隱山)이라 불렸다.
5 『주역』「상사(象辭)」.
6 『주역(周易)』,「어정기문보감(御定奇門寶鑑)」1, '석팔괘분팔절(釋八卦分八節)".
7 『주역(周易)』 55,「뇌화풍괘(雷火豐卦)」.
8 『주서(周書)』 권37,「열전(列傳)」 29.
9 『거사전(居士傳)』 32,「장자소전(張子韶傳)」.
10 양기(楊岐)스님은 출가한 후 여러 곳으로 선지식을 찾아다니다가 석상초원(石霜楚圓) 스님을 남원산(南源山)에서 참례한 후로 초원스님이 도오산(道吾山), 석상산(石霜山) 그리고 담주(潭州) 광화선원(光化禪院)으로 옮기자 따라다니며 약 30년 간 사중의 일[院事]을 총괄하였다.

27

시초에서 조심하여 재앙에 대비하다

수좌 음(音) 스님

1

만암도안(萬庵道顔, 1094~1164) 스님이 말하였다.

"묘희스님이 지난날 경산(徑山)에 살 때 야참(夜參)하는 자리에서 제방의 종풍(宗風)을 논하다가 조동(曹洞)의 종지에 이르러서는 그칠 줄 몰랐다. 다음날 수좌 음(音)스님이 묘희스님에게 말하였다.

'세간을 벗어나 중생을 이롭게 한다는 것은 원래 작은 일이 아닙니다. 반드시 종풍(宗風)을 진작하려 한다면 시기를 따라 폐단을 바로잡을지언정 당장 보아 통쾌하다 해서 다 받아들일 필요는 없습니다. 스님께서 지난날 납자시절이라 해도 함부로 다른 종지(宗旨)를 논해서는 아니 되거늘, 하물며 지금 보화왕좌(寶華王座)에 올라 선지식이라 일컬어지는 경우에야 더욱 그러하지 않겠습니까?'

스님은 '하루 저녁 그저 지나가는 말이었네.' 하고 변명하였으나 수좌는 '성현의 학문은 천성에 근본을 두고 있습니다. 이렇게 경솔하게 해서야 되겠습니까?' 하면서 따졌다.

　스님은 머리를 조아리며 사죄했으나 수좌는 그래도 말을 그치지 않았다."

2

　만암스님이 말하였다.

"묘희스님이 형양(衡陽)에 귀양가자 시자 현(賢)스님이 깎아 내리는 말을 적어서 큰 방 앞에 걸어 보이니 납자들은 부모를 잃은 듯 눈물을 흘리고 근심스럽게 탄식을 하면서 안절부절못하였다. 그러자 수좌 음(音)스님이 대중방으로 나아가 말하였다.

　'인생의 화환(禍患)이란 억지로 면하지 못한다.' 가령 묘희스님이 평생을 아녀자처럼 아랫자리에 매달려 있으면서 입을 다물고 말하지 않았더라면 오늘 같은 날은 없었으리라. 더구나 옛 성인들에게 부응하는 길은 여기에 그치지 않으니 그대들은 무엇이 괴로워 슬퍼하는가?

　옛날 자명(慈明)·낭야(瑯琊)·곡천(谷泉)·대우(大愚)스님이 도반이 되어 분양선소(汾陽善昭, 947~1024) 스님을 참례하러 가는데, 마침 서북 지방에서 전쟁을 하였으므로 드디어는 옷을 바꿔 입고 대열에 끼어서 갔었다. 그런데 지금은 경산과 형양은 멀지 않고 길은 막힘이 없으며 산천도 험하지 않다. 묘희스님을 뵙고자 한다면 다시 무엇이 어렵겠는가.'

이 말로 온 대중이 잠잠하더니 다음날 줄지어 떠나갔다."『여산지림집(廬山智林集)』

3

만암스님이 말하였다.

"묘희스님이 매양현(梅陽縣)으로 오신 일을 가지고 더러 이런저런 말이 있자 수좌 음(音)스님이 한마디 하였다.

'대체로 사람을 평가하려면 허물 있는 가운데서 장점을 찾아야 된다. 어찌 허물이 없는 데서 단점만을 끄집어내려 하는가. 그의 마음은 살피지 않고 자취만 가지고 의심한다면 실로 무엇으로써 총림의 공론을 위무하겠는가.

더구나 묘희스님의 도덕과 재주는 천성에서 나왔으며 뜻을 세워 일을 주도함이 의로움을 따를 뿐이다. 스님의 도량은 누구보다도 뛰어난데, 지금 하늘이 억제하는 것은 반드시 이유가 있어서일 것이니, 뒷날 스님이 불교 집안의 복이 될는지 어떻게 알겠는가.'

듣고 나서는 사람들이 다시는 거론하지 않게 되었다."『지림집(智林集)』

4

수좌 음(音)스님이 만암스님에게 말하였다.

"선지식이라 불리는 자는 자기 마음을 씻어내어 지극한 공정(公

正)으로 사방에서 오는 납자를 받아들여야 한다. 그 중에 도덕과 인의를 지닌 자가 있으면 원수처럼 틈이 있다 해도 반드시 받아들여야 하며, 간사하고 음흉한 자라면 개인적으로 은혜가 있다 해도 반드시 멀리해야 한다. 그리하여 찾아오는 사람들로 하여 각각 지켜야 할 바를 알아 일심으로 덕에 나아가게 하면 총림은 안정되리라."『묘희에게 주는 글[與妙喜書]』

5

또 이렇게 말하였다.

"일반적으로 주지된 자라면 누구인들 법도와 질서가 반듯한 총림을 세우려 하지 않겠는가. 그러나 총림을 진작시키는 자가 드문 이유는 도덕을 잊고 인의를 폐지하며, 법도를 버리고 개인의 감정에 맡겼기 때문에 그렇게 된 것이다.

불교가 시들어 가는 것을 진정 염려한다면 자기부터 바르게 하여 아랫사람을 바르게 하고 훌륭한 사람을 선발하여 돕게 하며, 덕망 있는 분을 권장하고 소인을 멀리해야 한다. 절약 근검을 자신부터 실천하고 덕과 은혜를 다른 사람에게 베풀어야 한다.[2] 그런 뒤에야 채용되어 일 맡고 시중들고 하는 사람들이 덕 있는 자를 모시고 아첨하는 자는 멀리할 줄을 알게 되며, 치졸한 비방과 편당(偏黨)하는 혼란이 없는 것을 귀하게 여기게 된다.

이렇게 된다면 마조(馬祖)·백장(百丈)스님과도 짝이 될 수 있고,

임제(臨濟)·덕산(德山)스님의 경지에도 미칠 수 있을 것이다." 『지림집(智林集)』

6

옛날 성인은 재앙이 없는 것을 두려워하면서 "하늘은 어찌 이 못난 놈을 버리시는가." 하고 탄식하였다. 범문자(范文子)는 말하기를, "성인만이 안팎에 환란이 없을 수 있으니, 스스로가 성인이 아니고서야 바깥이 편안하면 반드시 마음이 근심스럽다." 하였다.[3]

그래서 예나 지금이나 어질고 총명한 이는 환란을 면하지 못하리라는 것을 알고 시초부터 조심하여 스스로 방지하였던 것이다. 그러므로 살아가면서 있는 약간의 근심과 수고로움은 평생의 복이 아니랄 수도 없다.

재앙·근심·비방·모욕은 아마 요순(堯舜) 같은 성인이라 해도 피하지 못했을 것이다. 더구나 그 나머지의 경우이겠는가. 『묘희에게 주는 글[與妙喜書]』

주 :

1 『명심보감(明心寶鑑)』「순명편(順命篇)」.
2 『정관정요(貞觀政要)』「사종(奢縱)」 25.
3 『좌전(左傳)』「성공(成公) 16년」.

28

적시에 폐단을 고쳐 종풍을 간직하다

만암도안(萬庵道顏, 1094~1164)[1]

1

요즈음 총림을 살펴보았더니 인격이 성숙한 사람이 아예 없다. 몇 백 군데를 가 보아도 아무개가 주지가 되고 대중이 짝이 되어 법왕(法王)의 자리를 빌려 주장자와 불자(拂子)를 세우고 서로가 서로를 속이고 있었다. 토론이 있긴 하나 경론을 섭렵하지 않았으므로 인격이 성숙한 사람이 없는 것이 마땅하다 하겠다.

세간을 벗어나 중생을 이롭게 하며 부처를 대신해 교화를 드날리려 하면서 마음을 밝히고 근본을 깨달아 깨달음과 실천[行解]이 일치하지 않는다면 어떻게 해내겠는가? 비유하면 어떤 사람이 거짓으로 왕이라 자칭하다가 죽음을 스스로 초래하는 것과도 같다. 더구나 법왕을 어떻게 거짓으로 훔치려 하는가?

아아, 부처님 가신 지가 더욱 멀어지자 '수료학(水潦鶴)'[2] 게송을 지어 부르며 사견을 내는 무리들이 자기 멋대로 하며 옛 성인의 가르침을 날로 침체시키니 내가 말을 안 하려야 안 할 수가 없다.

마침 일없이 지내다가 교풍(敎風)을 매우 해치는 한두 가지를 조목별로 진술해 보았다. 이를 총림에 유포하여 후학으로 하여금 선배들이 살얼음판을 지나듯 칼날 위를 달리듯 조심스럽게3 큰 법 걸머지려는 마음을 지녀 명예와 이익에 구차하지 않았다는 사실을 알게 하였다. 나를 인정해 주는 자에게도, 나를 허물하는 자에게도 나는 변론하지 않으리라.『지림집(智林集)』

2

옛사람은 상당(上堂)하여 우선 불법의 요점을 제시하고 대중에게 자세히 물었다. 그러면 납자는 나와서 더 설명해 주기를 청하여 그것이 문답형식의 법문을 이루게 되었다. 그런데 요즈음 사람들은 운(韻)도 안 맞는 사구게(四句偈)를 옛 법도를 무시한 채 멋대로 지어 놓고는 그것을 조화(釣話)4라 부른다. 한 사람이 대중 앞에 불쑥 나서서 옛 시 한 연구(聯句)를 큰 소리로 읊조리며 그것을 매진(罵陳)5이라 부르고 있으니 치졸하고 속되어 비통해할 만한 일이다.

선배들은 생사의 큰일을 염두에 두고 대중과 마주하여 의심을 결단하였으며, 이윽고 뜻을 밝히고 나서는 생멸하는 마음을 일으키진 않았다.『지림집(智林集)』

3

명성 높은 존숙(尊宿)이 절에 오시면 주지는 자리에 올라 겸손하게 인사하고 높은 지위를 굽혀 낮은 데로 가야 한다. 더욱 정중하게 말하고 자리에서 내려와 수좌(首座)와 대중(大衆)과 함께 법좌(法座)에 오르시기를 청하고 법요(法要) 듣기를 바라야 한다.

요즈음은 서로를 부추기면서 옛사람의 공안(公案)을 들어다가 대중들에게 비판하게 하고는 그를 시험한다고들 하는 것을 많이 보게 된다. 절대로 이런 마음을 싹트게 하지 말라. 옛 성인께서는 법을 위하여 모든 생각을 떨치고 함께 교풍을 세워 서로가 주고받으며 법이 오랫동안 머무르게 하였다. 생멸하는 마음으로 이런 악한 생각 일으키는 것을 어찌 용납하려 했겠는가. 예의 차리는 데에는 겸손하기부터 해야 하니 깊이 생각해야 한다. 『지림집(智林集)』

4

요즈음 사대부·감사(監司)·군수(郡守)가 산에 들어와 처소를 잡으면 다음날 시자(侍者)를 시켜 큰스님에게 "오늘은 특별히 아무개 관리가 법회에 오르겠습니다." 하고 아뢰게 하는 경우를 보는데, 이 한마디는 세 번쯤 곰곰이 생각해 볼 일이다.

예로부터 방책(方冊) 가운데 실린 이름이 모두가 선지식을 찾아온 사대부이긴 하나, 이때 주지는 그들이 참례하는 마당에 속인으로서 불법을 보호하는 방법만을 대략 거론하여 산문(山門)의 본의를 빛나게 하였다. 이렇게 집안사람이 집안 일 한두 마디를 담박(淡泊)하게 하여 상대방이 공경하는 마음을 내도록 하였던 것이니 곽공보(郭公輔)와 양차공(楊次公)이 백운(白雲)스님을 방문하였고, 소동파(蘇東坡)와 황태사(黃太史)가 불인(佛印)스님을 뵌 경우가 모두 이런 본보기이다. 어찌 유별나게 망령을 떨어 식견 있는 자들에게 비웃음을 샀겠는가.『지림집(智林集)』

5

옛사람은 납자들이 선방에 들어오면 먼저 패(牌)를 걸어 놓고 각각 생사의 큰일을 위해 힘차게 찾아와 결택(決擇)을 구하게 하였는데, 요즈음은 늙었거나 병들었거나를 묻지 않고 모조리 와서 극진한 공경을 바치도록 하는 경우를 많이 보게 된다.

사향이 있으면 자연스럽게 향기가 나게 마련인데 하필 공식적인 것으로 몰아갈 필요가 어디 있는가. 결과적으로 예의를 따지는 절차 조목만 부질없이 생겨나 손님 쪽이나 주인 쪽이나 편치 않으니 주지라면 마땅히 생각해야 하리라.『지림집(智林集)』

6

초조달마(初祖達磨) 스님께서는 의발(衣鉢)과 법을 둘 다 전하였는데, 6조 혜능스님에 이르러서는 의발은 전하지 않고 깨달음과 수행방법이 이 도리에 맞는지만을 기준으로 하여 대대로 가업(家業)

을 삼았다. 이로부터 조사의 도는 더욱 빛나고 자손은 점점 번성하였다.

6조(六祖) 대감(大鑑, 혜능)스님의 후예로는 석두(石頭)·마조(馬祖)스님이 다 적손(嫡孫)으로서 반야다라(般若多羅)스님의 예언에 적중하였으니, "요컨대 아손(兒孫)의 다리를 빌려 걷겠구나."[6]라고 한 말씀이 바로 이 말이다.

두 스님의 현묘한 말이 천하에 퍼져 은밀한 깨달음에 가만히 부합한 자들은 더러더러 있게 되었다.

법을 이어받은 자가 많아지자 가문을 독차지하는 학풍이 없어졌다. 그리하여 조계(曹溪)의 원류가 다섯 파로 나뉘었으나, 마치 모나고 둥근 그릇에 물이 담길지라도 물 자체는 변함없는 경우와 같아서[7] 각각 아름다운 명성이 드날리며 자기의 책임을 힘써 실천하였다. 무심코 던진 말 한마디, 명령 하나가 온 납자들에게 미쳐 총림이 물 끓듯 하였는데 이는 억지로 그렇게 된 것은 아니었다.

이로부터 서로가 주고받으면서 은미하고 그윽한 도를 드러내 밝히기도 하고, 혹은 부정하고 혹은 긍정하면서 교화를 도왔는데, 그 말 자체는 아무 맛 없기가 마치 나무토막으로 끓인 국, 무쇠로 지은 밥과도 같았으므로[8] 후배들이 이를 씹어 보고 염고(拈古)라고 불렀다.

그러한 게송은 분양(汾陽)스님으로부터 시작하여 설두(雪竇)스님에 이르러서는 변론이 유창하고 종지는 밝게 드러나 광대하기 그

지없었다. 그런데 후세에 게를 짓는 자들은 설두스님을 부지런히 좇아가기는 하나 도는 생각해 보지도 않고, 문체를 아름답게 하는 데만 힘을 쏟아 후학들로 하여금 혼순(渾淳)하고 완전한 옛사람의 종지를 보지 못하게 하였다.

아아, 나는 총림을 돌아다니면서 선배들이 옛사람의 어록이 아니면 보질 않고 백장(百丈)의 호령이 아니면 행하질 않는 것을 보게 되었다. 그들이 어찌 단순히 옛것을 좋아해서 그랬겠는가. 요즈음 사람들에게서는 본받을 만한 점이 없기 때문이다. 원컨대 지혜로운 자라면 말 밖에서 내 뜻을 알아내야 하리라. 『지림집(智林集)』

7

요즈음 편견으로 집착하기 좋아하는 납자들을 종종 보게 된다. 그들은 세상 물정 모르고 경솔하게 약속을 해대다가 수습하지 못하는 경우가 많다. 자기에게 아첨하는 사람을 사랑하면서 순종하면 좋다 하고 거역하면 멀리한다.

설사 반쯤, 아니 온전한 분별이 있는 자라 해도 이런 악습에 가려지면 머리가 희끗한 노인이 되도록 성취한 것 없는 수가 많다.
『지림집(智林集)』

8

이르는 총림마다 삿된 말이 불길 같다. 즉 "계율을 지키거나 정혜(定慧)를 익힐 필요도 없으며, 도덕을 닦고 탐욕을 버려 무엇하겠는가?"라고들 말한다. 거기다가 『유마경(維摩經)』이나 『원각경(圓覺經)』을 인용하여 증거를 대면서[9] 탐진치(貪瞋痴) 살도음(殺盜淫)을 범행(梵行)이라 찬탄하기도 한다.

아아, 이 말이 어찌 오늘의 총림에만 해가 되겠는가. 참으로 불법 만세의 병통이다.

또 번뇌에 꽉 얽혀 있는 범부는 탐하고 성내는 애욕과 나다 너다[人我] 하는 어리석음[無明]이 생각생각에 마주함이 마치 한 솥 끓는 물과도 같으니 무슨 수로 식히겠는가.

옛 성인께서는 필연적으로 이러한 문제가 있으리라는 것을 잘 내다보시고 계정혜(戒定慧) 삼학(三學)을 마련하여 그런 짓을 그만두고 돌이키기를 바랐던 것이다.

지금의 후학들은 계율을 지키지도 정혜를 익히지도 않는다. 도는 닦지도 않으면서 오로지 지식만 늘리고 억지 변론이나 하면서 세속으로 끌려 들어가 잡아당겨도 되돌아올 줄 모른다. 이것이 내가 말한 '만세의 병통'[10]이다.

바른 발심[正因]으로 수행하는 고상한 남자라면 생사를 한 번에 결판내야 하니, 성신(誠信)을 간직하여 이 무리들에게 끌려가서는 안 된다. 그리고는 이렇게 말해야 한다.

"이 말을 믿어서는 안 된다. 이는 마치 극약을 먹고 싼 똥이나 독사가 마신 물과 같으니 보거나 들어서도 안 되는데 하물며 먹어서야 되겠는가. 그 물이 사람을 죽이리라는 것은 의심할 여지가 없다. 식견이 있는 자라면 자연히 그것을 멀리하리라." 『초당에게 주는 글[與草堂書]』

9

초당스님의 제자 중에 유일하게 산당(山堂)스님만이 옛사람의 풍모를 간직했을 뿐이다. 황룡사에 살 때, 공적인 일을 맡아 주관하려면 반드시 용모를 가다듬고 방장실(方丈室)에 나아가 분부를 받은 뒤에야 차 달이는 예의를 갖추었다. 이런 태도는 시종 변함이 없었다.

지은(智恩)이라는 상좌가 어머니의 명복을 빌면서 금(金) 두 닢을 내놓은 일이 있었다. 이를 이틀이 지나도 찾지 못하였는데 시자 성승재(聖僧才)가 청소를 하다가 이를 주워 습유패(拾遺牌)에 걸어 놓자 온 대중이 이를 알게 되었다.

이는 법을 주관하는 주지가 청정하여 윗사람이 하는 것을 아랫사람이 본받았기 때문이다.

10

만암스님은 근검절약하여 소참(小參)[11]에 보설(普說)[12]하면서 공양하게 되었다. 납자들 사이에 나름대로 이를 문제 삼는 자가 있자 스님이 그 말을 듣고 말하였다.

"아침에 고량진미를 먹고도 저녁에는 거친 음식을 싫어하는 것이 사람 마음이다. 그대들이 생사의 큰일을 생각하여 적막한 구석에서 살고자 하였다면 도업(道業)을 이루지 못할까만을 생각해야 한다. 게다가 성인과 멀어진 지가 아득한데 조석으로 탐하고 즐기는 것을 일삼아서야 되겠느냐?" 『진목집(眞牧集)』

11
만암스님은 천성이 어질고 후하며 자기 처신에는 청렴하였다.
평소에 법문을 하면 말은 간결하나 의미는 치밀하였으며, 널리 배우고 열심히 익혀 철저히 도리를 따져 나갔으며, 구차하게 중단하거나 허망하게 남의 논리를 따르지는 않았다. 다른 사람과 고금을 평론하면 마치 자신이 그 사이를 누비고 다닌 듯하여 듣는 사람들이 눈으로 직접 본 것처럼 분명히 깨달았다. 어떤 납자가 스님을 두고 한 말이 있다.
"세월이 다하도록 참선하는 것이 하루 동안 스님의 말을 듣고 체득하는 것만 못하다." 『기문(記聞)』

12
만암스님이 수좌 변(辯)스님에게 말하였다.
"원오스님은 이렇게 말씀하셨다.
'요즈음 참선하는 사람들은 절의(節義)를 대단찮게 여기고 염치를 차리지 않으므로 사대부들이 업신여기는 경우가 많다. 그대도 뒷날 이렇게 되는 것을 면치 못한다면 벌레와 한 가지일 것이다. 항상 법도에 맞게 수행할지언정 권세나 이익을 좇느라 남의 안색이나 살펴 아첨하지 말며, 생사 재앙은 일체 그대로 맡겨 버린다면 마구니 세계를 벗어나지 않은 채 그대로 부처님 세계에 들어가리라.'"13 『법어(法語)』

주
:

1   만암도안(萬庵道顔) : 임제종 대혜파. 어려서 정안(淨安)의 간율사(諫律師)에 시경(試經)하여 득도하고, 여러 곳을 돌아다니며 참구하였다. 만년에는 강서성 동림사(東林寺)에 머물렀다.

2   부처님 당시에 사견을 가진 무리가 아난에게 다음과 같은 게송을 지어 불렀다.
"어떤 사람이 백세를 살면서 / 수료학을 보지 못하면 / 하루를 살더라도 / 그것을 보느니만 못하다.
若人生百歲(약인생백세) / 不見水潦鶴(불견수료학) /
不如生一日(불여생일일) / 而得覩見之(이득도견지)"

3 "如氷凌上行(여빙능상행) 劍刃上走(검인상주)." 『벽암록(碧巖錄)』 권5(T48-178c).
4 법에 대한 의심을 던지는 말.
5 의심을 결단해 주는 진술.
6 『벽암록(碧巖錄)』 권8(T48-201b).
7 『종경록(宗鏡錄)』 권13(T48-488a).
8 『무이원래선사광록(無異元來禪師廣錄)』 권28(X72-351b).
9 『유마경』에 말하기를, "대승보살(大乘菩薩)은 사창가에 들어가 애욕의 허물을 보이면서 처자를 두고도 항상 범행(梵行)을 닦는다."라고 하였고, 『원각경』에서는 "일체의 장애가 바로 구경각(究竟覺)이며, 내지는 모든 계정혜와 음란·노여움·어리석음이 그대로 범행(梵行)이다."라고 하였다.
10 『한비자(韓非子)』 「난일(難一)」.
11 장소를 가리지 않고 수시로 하는 설법.
12 상당(上堂)과 달리 필요에 따라 수시로 행하는 약식 설법. 법의(法衣)를 착용하지 않는다.
13 "不出魔界而入佛界(불출마계이입불계)" 『조론(肇論)』 권1(T45-159b); 『종경록(宗鏡錄)』 권92(T48-915a).

29

도를 간직하고 뜻대로 살다

소각대변(昭覺大辯)[1]

1

　수좌 소각대변(昭覺大辯) 스님이 세속을 떠나 여산(廬山) 서현사(棲賢寺)에 머무르면서 항상 대나무 지팡이 하나와 떨어진 짚신 한 켤레로 다녔다. 이런 꼴로 구강(九江)을 지나자 동림사(東林寺) 혼융(混融)스님이 보더니 이렇게 꾸짖었다.

　"스님이란 사람들의 모범이다.[2] 행동거지가 이 꼴이니 자신을 경박하게 여기는 것이 아니겠는가. 예의 차리는 것이 형편없구나."

　대변(大辯)스님은 웃으며 대꾸하였다.

　"사람으로 태어나서 내 뜻대로 사는 것이 즐거움이니, 내게 무슨 허물이 있겠습니까?"

　그리고는 붓으로 게송을 써 놓고 가 버렸는데, 그 게송은 이렇다.

날더러 초라하다 흉보지 말라

형색이 초라하다고 도마저 궁하겠는가

짚신은 호랑이같이 사납고

지팡이는 용처럼 꿈틀거리네.

勿謂棲賢窮(물위서현궁) 身窮道不窮(신궁도불궁)

草鞋獰似虎(초혜영사호) 拄杖活如龍(주장활여룡)

목마르면 조계수(曹溪水) 마시고

배고프면 율극봉(栗棘蓬)³ 삼킨다네

고지식한 돌대가리여⁴

다들 아상에 빠져 있구나.

渴飮曹溪水(갈음조계수) 饑呑栗棘蓬(기탄율극봉)

銅頭鐵額漢(동두철액한) 盡在我山中(진재아산중)

혼융스님은 이를 보고 부끄러워하였다. 『월굴집(月窟集)』

2

대변(大辯)스님이 혼융스님에게 말하였다.

"조각된 용이 비를 뿌릴 수 없듯, 그림 속의 떡으로 주린 배를 채울 수 없듯,⁵ 납자들이 안에 실다운 덕이 없으면서 밖으로 화려

하고 교묘한 것만을 믿는다면, 마치 썩어서 물이 새는 배에다 화려하게 단청을 하고서 허수아비 사공으로 육지에 닿으려는 것과 같습니다. 이는 실로 구경거리야 되겠지만 물을 건너다 갑자기 풍파라도 만난다면 위태롭지 않겠습니까."『월굴집(月窟集)』

3

이른바 큰스님이라 하는 이는 부처님을 이어 교화를 드날리는 자이니, 요컨대 자기부터 깨끗이 하여 대중에 임하고 일을 벌이면 정성을 다해야 한다. 이해를 따져 마음을 이랬다저랬다 해서야 되겠는가.

내게 주어진 일을 당연히 이렇게 하면 될 뿐, 성취하느냐 못하느냐의 문제는 옛 성인이라도 꼭 기약하지는 못했으니 내가 어찌 함부로 말할 수 있겠는가.『월굴집(月窟集)』

4

불지(佛智)스님이 서선사(西禪寺)에 살 때였다.

다른 납자들은 제것을 챙기고 정돈하느라 정신없는데, 수암(水庵)스님만은 천성이 조용하고 따뜻하며 자기 몸 봉양하는 데는 지극히 박절하였지만 고고한 모습으로 대중 가운데 있으면서는 조금도 그런 것들을 염두에 두지 않았다.

불지스님은 그에게 꾸짖는 투로 말하였다.

"어쩌면 이렇게도 바보스러울까."

수암스님은 대꾸하였다.

"제가 물건을 좋아하지 않는 것이 아니라 가난하여 정돈할 만한 물건들이 없을 뿐입니다. 제게도 돈이 있다면 털옷 한두 벌 해 입고 도반들과 함께 어울리겠습니다만 가난하여 도무지 어찌해 보질 못하겠습니다."

불지스님은 웃으면서 억지로는 안 되겠다는 것을 알아차리고는 마침내 그만두었다. 『월굴집(月窟集)』

주
:

1 소각대변(昭覺大辯) : 대위법태(大潙法泰) 스님의 법을 이었으며, 도부(都府) 소각사(昭覺寺)에 머물렀다.
2 『유마경약소수유기(維摩經略疏垂裕記)』권1(T38-715a).
3 밤송이. 먹기 어려운 것을 말한다.
4 동두철액(銅頭鐵額) : 사마천의 『사기(史記)』에는 동이족(東夷族)의 수령인 치우(蚩尤) 집단이 "머리는 동이고 이마는 철인" 동두철액(銅頭鐵額)이라고 전한다. 여기서는 어리석음에 비유하고 있다.
5 화병충기(畫餠充饑) : 『삼국지』권22 『위서(魏書)』 「노육전(盧毓傳)」 "언젠가, 위명제는 노육에게 이렇게 말했다. '나라에서 인재를 얻고 못 얻음은 모두 그대의 손에 달려 있으니, 인재를 선발할 때는 명성이 있는 사람을 뽑지 말게나. 명성이란 것은 땅 위에 그려 놓은 떡과 다름없이 먹을 수는 없는 것이라네.'" ; 『속전등록(續傳燈錄)』권20(T51-598b).

30

납자는 총림을 보호하고
총림은 도덕을 보호한다
불지단유(佛智端裕, 1085~1150)[1]

●

1

힘차게 달리는 준마가 실족하지 않는 것은 재갈과 고삐 때문이며, 아무리 억지 센 소인이라 할지라도 감히 제 뜻대로 다 못하는 것은 형벌이 막아 주기 때문이듯, 치달리는 알음알이[意識]가 감히 경계를 반연하지 못하게 하는 것은 선정을 닦은[覺照] 힘이다.

슬프다. 납자에게 선정을 닦은 힘이 없다면 준마에게 고삐가 없고 소인에게 형벌이 없는 것과 같으리니, 무엇으로 탐욕을 끊고 망상을 다스리겠는가. 『정 거사에게 주는 법어[與鄭居士法語]』

2

불지스님이 수암(水庵)스님에게 말하였다.

"주지의 기본에는 네 가지가 있는데, 도덕·언행·인의·예법이다. 도덕과 언행은 가르침의 근본이며, 인의와 예법은 그 지말이다. 그러므로 근본이 없으면 우선 자립하지 못하고, 지말이 없으면 완성되지 못한다.

옛 성인께서는 납자들이 스스로를 다스리지 못하는 것을 보셨다. 그래서 총림을 세워 그들을 안주시키고 주지를 뽑아 통괄하게 하였던 것이다. 그러니 총림의 존귀가 주지를 위한 것이 아니며, 앞서 말한 네 가지 아름다운 근본은 납자만을 위한 것도 아니라 모두 불조의 도 때문이었다.

그러므로 훌륭한 주지는 무엇보다도 도덕을 존중하고 언행을 조심하는 한편, 납자된 이는 무엇보다도 인의를 간직하고 예법을 지켰다. 그러므로 주지는 납자가 아니면 존립할 근거가 없고, 납자는 주지가 아니면 덕을 완성하지 못했던 것이다. 이는 마치 몸과 팔, 머리와 발이 크기가 알맞아 거슬리지 않고 서로가 의지하며 가는 것과도 같다.

그러므로 '납자는 총림을 보호하고 총림은 도덕을 보호해야 한다.'고 말했던 것이니, 주지된 사람이 도덕이 없다면 총림은 폐지되고 말 것이다." 『실록(實錄)』

주
:
1 불지단유(佛智端裕) : 임제종 양기파. 18세 때 정자사(淨慈寺)의 법진수일(法眞守一) 스님에게 출가하여 계를 받았다. 원오극근(圜悟克勤) 스님의 법을 이었다.

31

한 끼 먹고 눕지 않으며 선정을 닦다

수암단일(水庵端一, 1107~1176)[1]

1

『주역(周易)』에 "군자는 환난을 생각해 미리 방지한다."[2]는 말이 있다. 그러므로 옛사람은 생사의 큰 환난을 생각하여 도를 닦아 방지하고 마침내 이 도를 크게 운용하고 널리 전하였던 것이다.

요즈음 사람들은 "도를 구하는 일은 현 실정에서 멀다. 절실히 당면한 이익을 구하느니만 못하다."라고들 한다. 이리하여 들뜨고 화려한 것만 다투어 익히고 털끝만한 이끗도 비교하고 헤아리면서 눈앞의 일만 하려 하고 구차한 계교를 품는다. 때문에 한 해를 주선해 갈 계획조차 세우지 않으니, 더구나 생사를 염려하겠는가.

그러므로 납자들은 날로 야비해지고 총림은 계속 피폐되며 기강이 실추되어, 결국은 밋밋하다가 거의 구제가 불가능한 위태로운 지경까지 뒤엎어지게 된다.

아! 돌이켜 생각지 않아서야 되겠는가.

2

옛날 운거산(雲居山)에 떠돌아다니다가 고암(高庵)스님이 저녁 소참(小參)에서 이렇게 말하는 것을 들었다.

"지극한 도는 상식을 초월하여[徑挺] 인정(人情)과 가깝지 않으니, 모름지기 마음을 진실히 하고 뜻을 바르게 하여 교만과 꾸밈·치우친 사견을 일삼지 말아야 한다. 교만과 꾸밈은 속임수·아첨에 가깝고 삿됨과 치우침은 올바른 중도가 아니므로 지극한 도와는 모두가 일치하지 못한다."

나는 나름대로 그 말씀이 이치에 가깝다 생각해서 각고의 의지로 실천해 가다가 불지선사(佛智先師)를 뵙자마자 크게 깨닫고 평생 행각하는 목적을 저버리지 않게 되었다. 『월당에게 주는 글[與月堂書]』

3

월당(月堂)스님은 주지하면서 가는 곳마다 도를 실천하는 것으로 자기의 임무를 삼았다. 화주(化主)를 보내지도 않고, 누구를 찾아가 뵙는 것도 일삼지 않았다. 해마다 대중을 헤아려 소득을 따라 물자를 사용하였다. 납자들 가운데 화주하려는 마음을 먹는 사람이 있으면 그들을 물리치는 경우가 많았다.

어떤 사람은 말하였다.

"부처님도 비구에게 발우를 지니고 신명을 도우라고 가르치셨는데, 스님께서는 왜 거절만 하고 용납하지 않으시는지요?"
월당스님은 대답하였다.
"우리 부처님께서 살아 계셨을 때에는 가능했으나 요즈음 그렇게 하면 반드시 이익을 좋아하는 자가 있어서 자신을 파는 데까지 이를까 염려스럽기 때문이다."
이로부터 월당스님의 이 말이 점점 불어나는 악을 미연에 방지하고자 하신 절실하고도 현명하며 실제에 걸맞는 이야기라는 생각이 들어서 지금도 귓가에 쟁쟁하다. 요즈음의 세태를 보건대 어찌 자신을 파는 데 그칠 뿐이겠는가. 『법어(法語)』

4
수암스님이 시랑(侍郞)인 우연지(尤延之)에게 말하였다.
"옛날에 대우(大愚)·자명(慈明)·곡천(谷泉)·낭야(瑯琊)스님이 도반이 되어 분양스님을 참방하게 되었다. 그런데 하동 지방은 추위가 극심하여서 모두들 가려 하지 않았으나 자명스님만은 도에 뜻을 두어 아침저녁으로 게을리하지 않았다.
밤에 좌선하다가 졸음이 오면 송곳으로 자신을 찌르며 이렇게 탄식하였다.
'옛사람은 생사의 큰일을 위해서 먹지도 자지도 않았다던데, 나는 어떤 사람이기에 이토록 방종하여, 살아서는 시대에 도움이 못되고 죽어서도 후세에 남길 이름이 없으리니, 이는 자신을 포기하

는 것이다.'

그리고는 하루아침에 하직하고 되돌아가 버렸다. 그러자 분양스님은 '초원(楚圓)³이 지금 떠나 버렸으니 나의 도가 동쪽으로 가겠구나.' 하고 탄식하였다." 『서호기문(西湖記聞)』

5
옛날 덕 있는 주지는 솔선하여 도를 실천하였고 한번도 경솔하게 자기 뜻대로 적당히 해치우는 일이 없었다. 옛날 분양스님은 상법과 말법시대에 심성이 들떠서 납자 교화하기 어려운 것을 매양 탄식하였다.

이에 자명스님이 말하기를, "이는 매우 쉬운 일인데도 문제는 법을 주관하는 자들이 잘 인도하지 못하는 데 있습니다."
하자, 분양스님은 말하였다.

"순수하고 성실한 옛사람도 2, 30년을 지내고서야 도를 이룰 수 있었다."

그러자 자명스님은 말하였다.

"이는 훌륭한 성인의 얘기가 아닙니다. 열심히 도에 매진하는 자라면 천일 공부면 됩니다."

사람들은 헛소리라 여겨 주의 깊게 듣지 않았다. 그리고 분양 지방은 매우 추웠으므로 여기서 야참(夜參)을 마쳤다. 이역의 어떤 비구가 분양스님에게 이렇게 말하였다.

"이 모임에는 보살[大士]이 여섯이나 있는데 왜 법을 설하지 않는지요?"

그러더니 천일이 못 된 3년 안에 과연 여섯 사람이[4] 도를 이루었다. 분양스님은 이 일로 게송을 지었다.

호승(胡僧) 지팡이의 광채
법을 청하러 분양에 이르렀네
여섯 사람 큰 그릇 이루니
법을 펴 드날리라 권하네.

胡僧金錫光(호승금석광) 請法到汾陽(청법도분양)
六人成大器(육인성대기) 勸請爲敷揚(권청위부양)[5]

『서호기문(西湖記聞)』과 『승보전(僧寶傳)』

6
투자의청(投子義淸, 1032~1083)[6] 스님이 은사 수암스님의 초상화를 그려 놓고 찬(贊)을 지었다.

나의 스승 수암스님
당당하기 당할 자 없네
하루 종일 한 끼 공양에

자리에 눕는 일 없네
선정에 깊이 드시어
들고 나는 숨마저 잊으셨는지
명성이 대궐에 퍼져
선덕전에서 선을 논할 제
용안(龍顔)이 활짝 펴지사
비단을 내리시었네
세 번 굳이 사양하시니
천자 더욱 칭찬하셨네
진실한 도인이시여
초목도 빛을 드날립니다
못난 제게 법을 물려주시니
향 사러 찬을 지어 봅니다.

嗣淸禪人(사청선인) 孤硬無敵(고경무적)
晨昏一齋(신혼일재) 脇不至席(협부지석)
深入禪定(심입선정) 離出入息(이출입식)
名達九重(명달구중) 談禪選德(담선선덕)
龍顔大悅(용안대열) 賜以金帛(사이금백)
力辭者三(역사자삼) 上乃嘉歎(상내가탄)
眞道人也(진도인야) 草木騰煥(초목등환)

傳子陋質(전여누질) 炷香請贊(주향청찬)

이 찬(贊)으로 미루어보건대 소위 청출어람(靑出於藍)[7]이라 하겠다.『견화상(見畵像)』

7

불지선사(佛智先師)는 이렇게 말씀하셨다.

"동산연조(東山演祖)께서는 경용학(耿龍學)에게 '나에게 원오(圓悟)가 있는 것은 물고기에게 물이 있고 새에게 날개가 있는 것과 같다.'[8] 하셨다. 그 때문에 승상인 자암거사(紫巖居士, 1097~1164)[9]가 이렇게 찬탄하였다.

'스승과 제자[師資]가 서로를 인정하며 동시에 만나기를 희망하니, 그들의 한결같은 정분을 누구라서 이간질하겠는가.'

자암거사는 말의 이치를 안다 할 만하다.

요즈음에 제방(諸方)의 큰스님들은 딴 마음을 품고 납자를 거느리며, 한편 납자들도 세력과 이익을 끼고 큰스님을 섬기는 경우를 보게 된다. 주인과 객이 서로 이익을 다투고 상하가 속이고 업신여기니 어떻게 불교가 일어나고 총림이 성대해지겠는가."『매산윤에게 주는 글[與梅山潤書]』

8

말로 사람을 감동시키려면 진실하고 간절해야 한다. 말이 진실하고 간절하지 못하면 받는 느낌도 따라서 얕으리니 어떤 사람이 그런 말에 기꺼이 감동하겠는가.

옛날 백운(白雲)스님께서 나의 스승(불지단유 스님)을 전송하실 때 사면(四面)에 머무르시면서 당부하셨다.

"조사의 도가 해이해져서 쌓아올린 달걀마냥 위기에 처해 있으니, 함부로 방일하며 헛되게 세월만 보내고 지극한 덕을 무너뜨려서는 안 된다. 넓게 받아들이는 도량으로 세상을 이익케 하고 중생을 보존할지니, 이렇게 하여 불조의 은혜에 보답하거라."

당시 이 말을 들은 자들은 누구라서 감동하지 않았겠는가.

투자(投子), 그대는 지난날 부름을 받고 대궐로 들어가 천자를 대면하였으니 실로 불교 집안의 다행이라 하겠다. 자기를 낮추고 도를 높여 세상을 구제하겠다는 마음을 가져야지 자신을 뽐내고 자랑해서는 안 된다.

예로부터 선철(先哲)들은 겸손과 공경으로 자기를 보존하고 덕을 완전히 하였으며, 세력과 지위를 영화롭게 여기지는 않았다. 그리하여 드디어 청아함은 한 시대를 진동하였고, 아름다움은 만세토록 내려올 수 있었던 것이다. 이제 내 죽을 날이 멀지 않아 다시는 못 볼까 염려스러우니, 때문에 이를 간절히 부탁한다. 『투자에게 보내는 글[見投子書]』

9

수암스님은 젊어서 기상이 훤출하였다. 큰 뜻[志]이 있어 기개와 절도를 숭상하였으며, 들떠 쏠리는 일도 없고 자잘한 것까지 다 따지지는 않았다. 모든 것을 용납하는 마음가짐으로 도리에 맞게 행동하였으며, 재해가 목전에 닥쳐도 실색한 빛을 보이지 않았다. 여덟 절의 주지를 역임하고 4개 군(郡)을 두루 다니면서 가는 곳마다 애써서 도를 실천하여 일으켜 세우려 하였다.

순희(淳熙) 5년(1178)에 서호(西湖)의 정자원(淨慈院)으로 은퇴하였는데 이런 게송을 지었다.

황도(皇都)의 큰절에서 6년을 쓸고 닦았더니
기와조각이 제석의 범천궁(梵天宮)이 되었네
오늘 집이 완성되자 갈 길로 돌아가니
지팡이의 팔면에서 청풍이 일어나네.

六年灑掃皇都寺(육년쇄소황도사)
瓦礫翻成釋梵宮(와력번성석범궁)
今日宮成歸去也(금일궁성귀거야)
杖頭八面起淸風(장두팔면기청풍)

사람들이 길을 막고 더 머무르시라 청하였으나 듣지 않았다. 작은 배로 수수(秀水)의 천녕사(天寧寺)에 가신 지 오래지 않아 병을 보이더니 대중과 이별하고 임종을 고하였다.『행실(行實)』

주:

1 수암단일(水庵端一) : 임제종 양기파. 불지단유(佛智端裕) 스님의 법을 이었으며, 남악의 16세 법손이다.
2 『주역』「수화기제괘(水火旣濟掛)」.
3 석상초원(石霜楚圓, 986~1040) : 임제종. 분양선소(汾陽善昭)의 법을 이었다. 석상산(石霜山) 숭승사(崇勝寺), 담주(潭州) 흥화사(興化寺)에서 머물렀다. 선풍은 엄한 것으로 세상에 알려졌지만, 문중이 번창하여 황룡혜남(黃龍慧南)과 양기방회(楊岐方會)를 배출하였다.
4 자명 원(慈明圓)·대우 지(大愚芝)·낭야 각(瑯琊覺)·곡천 도(谷泉道)·법화 거(法華擧)·천승 태(天勝泰) 스님을 가리킴.
5 『분양무덕선사어록(汾陽無德禪師語錄)』 권1(T47-594c).
6 투자의청(投子義淸) : 수암단일 스님의 법을 이었으며, 남악의 17세 법손이다.
7 『순자(荀子)』「권학편(勸學篇)」.
8 『정관정요(貞觀政要)』 제6권 21편 「신소호편(愼所好篇)」.
9 자암거사(紫巖居士) : 송의 재상 장준(張浚). 덕원(德遠), 충헌(忠憲), 위공(魏公) 등의 호가 있으며, 화국공(和國公)이라고도 한다.

32

성급하게 제자 지도함을 경계하다

월당도창(月堂道昌, 1089~1171)¹

1

옛날 백장대지(百丈大智, 720~814) 스님께서 말세의 비구들이 교만하고 게으를 것을 염려하여 특별히 법도를 지어 이를 예방하셨다. 그들의 그릇과 능력에 따라 각각 소임을 정하였는데, 주지는 방장실에 대중은 큰 방에 거처하며, 예시한 10개 소임[十局頭首]²의 엄숙하기는 관부(官府)와도 같았다.

윗사람은 굵직한 일을 주관하였고, 아랫사람은 세부조목을 정리하여 상하가 몸이 팔을 부리고 팔이 손가락을 움직이듯 서로 받들고 통솔하였다. 그러므로 앞사람들이 법도를 따라 계승하여 공경하고 떠받들며 조심스럽게 실천할 수 있었던 까닭은 옛 성인의 유풍(遺風)이 끊어지지 않았기 때문이다.

요즈음은 총림이 쇠퇴하여 납자들이 재능에 능한 것만을 귀하게 여기고 절개 지키는 것을 천시한다. 들뜨고 화려한 것을 숭상하고 진실과 소박을 가벼이 여기기를 날로 달로 더하여 점점 더 경박해지는 것을 보게 된다. 처음에는 일시적인 편안함만 훔치는 정도였다가 빠져들어 익숙해진 지가 오래되면 으레 그런 것이려니 하고 비리(非理)로 여기지 않게 된다. 그리하여 윗사람은 아랫사람을 두려워하며, 아랫사람은 윗사람의 눈치를 살피게 된다.

평소에는 달콤한 말로 굽신거리며 아첨하다가 틈이 생기면 사나운 마음과 속임수로 서로를 해친다. 여기에서 일을 이룬 사람은 훌륭하다 하고 패한 자는 어리석다 하며 존비(尊卑)의 질서나 시비(是非)의 이치를 다시는 묻지도 않는다. 일단 상대방에서 그렇게 하고 나면 이쪽에서도 똑같이 본받으니, 아랫사람이 말하고 나면 윗사람이 그를 따르며 앞에서 행하고 나면 뒤에서 따라 익힌다.

아아, 성인이신 우리 스승이 원력을 바탕으로 백 년 공부를 쌓지 않으셨다면 이 고질화된 폐단을 개혁할 수가 없으리라. 『순 스님에게 주는 글[與舜和尙書]』

2

월당스님이 정자원(淨慈院)에 머무른 지가 매우 오래되었다. 어떤 사람이 "스님께서는 도를 수행하신 지가 여러 해가 되었는데도 문하에는 제자가 있다는 소문을 듣지 못하였습니다. 이는 묘담(妙湛) 스님[3]을 저버리는 것이 아닌지요?" 하고 말하자, 스님은 대꾸도 하지 않았다. 뒤에 거듭 이를 따지자 스님은 이렇게 말하였다.

"그대는 이런 소리를 듣지도 못하였는가? 옛날에 오이를 심어 놓고 매우 아끼는 자가 있었다네. 그런데 무더운 여름날 한낮에 물을 주자 오이는 발꿈치 돌리는 순간 시들어 버렸다네. 무엇 때문이었겠나? 신경 쓰기를 게을리 해서가 아니라 물을 제때에 주지 않았기 때문이니, 시들게 하기에 딱 알맞은 짓이었다네.

제방의 노숙(老宿)들이 납자를 끌어 줄 때, 그의 도업이 안으로 충실한지, 재능과 그릇은 크고 위대한지를 관찰하지 않고 그저 성급하게 위하는 마음만 쓰려 할 뿐이지. 그리하여 납자들의 도덕을 보면 더럽고 언행을 보아도 도리에 어긋나 있으며 공평정대함으로 말하자면 삿되고 아첨스러우니, 아끼는 마음이 그의 분수에 지나쳐서가 아니겠는가?

이는 바로 한낮에 오이에 물을 주는 것과도 같다네. 나는 식견 있는 사람들이 비웃을까 깊이 염려스럽기 때문에 그렇게 하지 않는다네." 『북산기문(北山記聞)』

3

황룡스님이 적취암(積翠庵)에 머무를 때 병으로 석 달을 문 밖으로 나오질 못하였다. 그때 진정(眞淨)스님은 밤낮으로 간절히 기도하다가 머리와 팔을 태우기까지 하면서 은밀한 가피력을 빌었다. 황룡스님이 이 말을 듣자 꾸짖으며 말하였다.

"살고 죽는 것은 원래 내 분수이다. 그대는 참선을 했는데도 이토록 이치를 통달하지 못하였는가."

그러자 진정스님이 얼굴빛을 누그러뜨리고 대꾸하였다.

"총림에 저는 없어도 되지만 스님께서 없어서는 안 됩니다."

식견이 있는 사람들은 이렇게 말하였다.

"진정스님이 스승을 존경하고 법을 소중히 하는 정성이 이 정도 니 뒷날 반드시 큰 그릇을 이루리라."『북산기문(北山記聞)』

4

황태사(黃太史) 노직(魯直, 황정견)이 일찍이 이렇게 말하였다.

"황룡혜남(黃龍慧南, 1002~1069) 스님은 인격이 깊고 두터워 사물에 마음이 움직이지 않았으며 평소에 교만이나 꾸밈이 없었다. 문하의 제자들도 종신토록 그가 희로의 감정을 드러내는 것을 보지 못하였으며, 심부름하는 일꾼에게까지도 한결같이 정성으로 대하였다. 그리하여 다른 명성이나 기개에 흔들림 없이 자명스님의 도를 일으켰던 것이지 어쩌다 보니 그렇게 된 것은 아니다."『황룡석각(黃龍石刻)』에 있다고 한 곳도 있다

5

건염(建炎) 기유(己酉, 1129) 상사일(上巳日)에 종상(鍾相)이 풍양(灃陽) 땅에서 반란을 일으켰다.

문수심도(文殊心導) 스님께서는 난리에 곤란한 지경에 빠져 있었

는데, 도적들의 세력이 성대해지자 그의 제자들이 도망을 가 버렸다. 그러자 스님은 "재앙을 피할 수 있겠느냐?"고 하며 의연한 모습으로 방장실에 계시다가 끝내는 도적들에게 해를 당하였다.

무구거사(無垢居士, 장구성)는 그 법어를 발췌하고 이렇게 말하였다.

"살기를 좋아하고 죽기를 싫어하는 것은 인지상정이다. 오직 지극한 경지에 도달한 사람만이 본래 태어나지 않는다는 것을 깨닫고 태어나도 삶에 집착하지 않으며, 한번도 멸한 적이 없다는 것을 통달하고 죽어도 두려워하지 않는다. 그러므로 화환(禍患)을 당해 죽을 찰나에도 자기가 지키던 것을 바꾸지 않을 수 있다 하였는데, 스님이 바로 그런 사람일 것이다. 스님의 도덕과 절의는 총림을 교화하고 모범을 후세까지 드리우기에 충분하다 하겠다."

스님의 이름은 정도(正導)이며, 미주(眉州) 단릉(丹稜) 사람으로서 불감(佛鑑)스님의 법을 이었다. 『여산악부혜대사기문(廬山岳府惠大師記聞)』에 있다고 한 곳도 있다

주
:

1　월당도창(月堂道昌) : 운문종. 6세 때 출가하여 13세 때 머리를 깎고 묘담사혜(妙湛思慧) 스님의 법을 이었다.
2　십국두수(十局頭首) : 십국(十局)은 『백장청규(白丈淸規)』 가운데 양서요(兩序要)를 말한다. 즉 동서 양당(兩堂)의 수좌(首座)·서기(書記)·장주(藏主)·지객(知客)·도관(都管)·감사(監寺)·부사(副寺)·유나(維那)·전좌(典座)를 가리킨다.
3　묘담사혜(妙湛思慧) : 법운선본(法雲善本) 스님의 법을 이었으며, 청원의 13세 법손이다.

33

교외별전을 해설하는 폐단을 경계하다

심문운분(心聞雲賁)[1]

1

납자들이 참선을 하다가 병통을 이루는 경우가 많다. 병통이 귀와 눈에 있는 자들은 눈썹을 솟구치고 눈을 노기등등하게 하며, 귀를 기울여 머리를 끄덕이는 것을 선(禪)으로 여긴다. 병통이 입과 혀에 있는 자들은 전도된 말로 어지럽게 할(喝)! 할(喝)! 하는 것을 선으로 여긴다.

병통이 손과 발에 있는 자들은 앞으로 나아가고 뒤로 물러나며, 여기저기 가리키는 것으로 선을 삼는다. 병통이 가슴속에 있는 자들은 현묘함을 끝까지 궁구하고 알음알이를 벗어나는 것을 선으로 여긴다.

그러나 위와 같은 경우가 사실은 모두 병통이다. 진짜 선지식[本色宗師]이라야 깊숙한 기미에서 분명히 살펴낼 수 있으니, 보자마자 그가 아는지 모르는지를 알아차리며, 입문했을 때 깨칠 수 있을는지 없을는지를 분별해 버린다. 그런 뒤에 한 방을 날려 끈질기게 이어지던 그들의 미세한 번뇌까지 벗겨 주며, 막힌 곳을 쳐서 진실과 거짓을 판정케 한다.

그렇게 하면서 하나의 방편만을 고집하느라 변통(變通)에 어두운 일이 없게 하여 그들로 하여금 끝내 안락하여 일없는 경지를 밝히게 하고 그런 뒤에야 그만두는 것이다.『실록(實錄)』

2

옛사람이 말하기를, "천 사람 가운데서 빼어나면 영특[英]하다 하고, 만 사람 가운데서 빼어나면 걸출[傑]하다."[2] 하였다. 납자로서 지혜와 수행이 총림에 소문난 자라면 어찌 영걸(英傑)한 인재에 가깝다 하지 않으랴. 단지 부지런히 탐구하여 거짓을 버리고 진실을 지녀 누구나 제자리에 쓰일 수 있게 한다면 절의 규모나 대중의 수에 관계없이 모두가 그의 교화를 따르리라.

옛날 백정의 풍혈(風穴)[3]·우란의 약산(藥山)[4]·대매의 상공(常公)[5]·형초의 자명(慈明)[6]스님, 이 스님이 모두 위와 같은 영걸이셨는데, 당시 그들과 어울리던 유유자적한 무리들이 이들에게 지위나 외모를 구했더라면 보고서는 반드시 업신여겼을 것이다.

하루아침에 영광된 사석(師席) 법좌(法座)에 올라 모든 사람들이 에워싼 가운데 불조의 도를 밝혀 만세의 빛이 되었으니, 총림에서 누군들 그 풍모만 바라보고도 쏠리지 않았겠는가.

더구나 앞사람들은 아름다운 재질과 뛰어난 기상을 가지고도 시기를 만나지 못했을 즈음에는 조심하면서도 수치와 더러움을 참고 세상에 뒤섞여 함께 어울리면서 이렇게 살아갔는데, 하물며 이보다 더 못한 자의 경우이겠는가.

아아, 옛날도 지금과 같으니 그 사정은 마찬가지다. 기어코 약산·풍혈스님을 기다려 스승 삼으려 한다면 천 년에 한 번 만날 것이며, 꼭 대매·자명스님을 도반으로 의지하려 한다면 백 년에 한 번쯤 나올 것이다.

모든 일은 은미한 곳으로부터 현저한 데에 이르며,[7] 공은 작은 것이 쌓여 큰 것을 이루는 법이니,[8] 배우지 않고도 성취하고 수행하기에 앞서 먼저 깨친 자를 보지 못하였다.

이 이치를 깨닫는다면 스승을 구하고 벗을 선택하며 도를 배우고 덕을 닦는 일이 가능하리라. 그렇게 되면 천하의 일 중에서 무엇을 시행한들 되지 않겠는가.

옛사람은 말하기를, "사람 알아보기가 참으로 어려우니 이 일은 성인도 부족하다 여기셨다." 하셨는데, 하물며 그 나머지이겠는가.

『죽암에게 주는 글[與竹庵書]』

3

교외별전(敎外別傳)의 도는 지극히 간요(簡要)하여 애초에 아무 말이 없었다. 앞사람들은 의심 없이 실천하고 꾸준히 지켜 나갔다.

그러다가 천희(天禧) 연간(1017~1022)에 설두(雪竇)스님이 박식과 말재주로 의미를 아름답게 한답시고 손을 대어 희롱을 하였으며, 참신하게 한답시고 교묘하게 다듬으며 분양(汾陽)스님을 계승,『송고(頌古)』를 짓고 당세의 납자를 농락하니 종풍(宗風)이 이로부터 한 번 변하게 되었다.

선정(宣政) 연간(1100~1125)에 이르러 원오(圓悟)스님이 여기에다 또 자기의 의견을 붙이고 이를 떼어내『벽암집(碧巖集)』을 만들었다. 그때 옛날의 순수하고 완전한 경지에 매진하던 인재로서 영도자(寧道者)⁹ · 사심(死心) · 영원(靈源) · 불감(佛鑑) 같은 모든 노숙들도 그의 학설을 돌이킬 수가 없었다.

이리하여 새로 진출한 후학들이 그의 말을 보배처럼 귀중하게 여기게 되었다. 아침저녁으로 외우고 익히면서 지극한 학문이라 말들 하며 그것이 잘못이라는 사실을 깨닫는 자가 없었다.

슬프다. 잘못되어 가는 납자들의 공부[用心]여.

소흥(紹興, 1131~1162) 초에 불일(佛日)스님¹⁰이 민(閩) 지방에 들어갔다가 납자들을 끌어당겨도 되돌아보질 않고 날로 달로 치달려 점점 폐단을 이루는 것을 보고는 즉시 그 경판(經板)을 부수고 그 학설을 물리쳐 버렸다.

이로써 미혹을 제거하고 빠져든 이를 구원하였으며 번잡하고 심한 것을 척결하고 삿됨을 꺾어 바른 길을 제시하게 되었다. 이런 기세가 널리 확산되자 납자들이 이제껏 잘못되어 왔다는 것을 차츰 알고 다시는 흠모하지 않게 되었다.

  그러니 불일스님이 멀리 내다보는 고명한 안목으로 자비원력을 힘입어 말법의 폐단을 구하지 않았더라면 총림에는 두고두고 걱정거리가 남았으리라.『장자소에게 주는 글[與張子韶書]』

주
:

1   심문운분(心聞雲賁) : 임제종 황룡파. 육왕개심(育王介諶) 스님의 법을 이었으며, 남악의 16세 법손이다.
2   『회남자(淮南子)』「태족훈(秦族訓)」.
3   풍혈연소(風穴延沼, 896~973) : 송대(宋代) 임제종. 진사(進士) 시험에 실패한 뒤 개원사(開元寺)에서 출가하여 남원혜옹(南院慧顒) 스님의 법을 이었다. 여주(汝州)에서 풍혈사(風穴寺)를 개당하자 학승들이 운집함으로써 임제의현(臨濟義玄)의 종풍이 더욱 성해졌다.
4   청원의 법을 이은 석두희천(石頭希遷, 700~791)의 제자에 약산유엄(藥山惟儼, 744~827)이 있다. 여기에서 '약산'이라는 명칭은 자세하게는 예양(澧陽)의 작약산(芍藥山)을 가리킨다. 이 산에 약산유엄이 처음 머물렀을 때에는 좌선수행하는 장소가 없어서 외양간을 빌려서 수행하였다. 이 때문에 후에 건립된 승당에는 '우란(牛欄)'이라는 편액이 걸려 있었다고 한다.
5   대매법상(大梅法常, 752~839) : 당대(唐代) 남악(南嶽)의 제자. 대매는 머물던 산 이름.
6   석상초원(石霜楚圓).
7   『주역정의(周易正義)』「곤문언(坤文言)」.
8   왕충(王充)의 『논형(論衡)』 시 69.
9   영도자(寧道者) : 담주의 개복도령(開福道寧) 스님. 오조법연 스님의 법을 이었으며, 남악의 14세 법손이다.
10 불일(佛日)스님 : 묘희(妙喜)스님을 말한다.

34

큰 도는 어리석음도 지혜로움도 없다

졸암덕광(拙庵德光, 1121~1203)[1]

1

졸암(拙庵) 불조덕광(佛照德光) 스님이 처음 천복사(薦福寺)에서 설당(雪堂)스님을 참례하였을 때, 관상쟁이가 한번에 그를 인물로 알아보고는 설당스님에게 말하였다.

"대중 가운데 광(光) 상좌(上座)는 두상[頂骨]이 반듯하고, 이마는 넓고 턱은 도타우며, 사지와 양미간 이마 어느 한 군데 모난 곳이 없습니다. 뒤에 반드시 왕의 스승이 될 것입니다."

효종 황제가 순희(淳熙) 초(1174)에 그를 불러 대면하였는데 마음에 맞아 내관당(內觀堂)에서 7일을 머무르게 하고는 전례 없던 특별대우를 하며 불조(佛照)라는 이름을 하사하니 소문이 천하에 퍼졌다.『기문(記聞)』

2

졸암스님이 승상(丞相) 우윤문(虞允文, 1110~1174)에게 말하였다.

"대도는 훤출하여 본래 어리석음과 지혜로움이 없습니다. 예컨대 이윤(伊尹)[2]과 여망(呂望)[3]이 농사짓고 물고기 잡는 데서 일어나 왕의 스승이 된 것과도 같으니, 어찌 지혜롭고 어리석은 정도를 가지고 헤아릴 수 있겠습니까. 그러나 대장부가 아니라면 누구라서 대도의 대열에 참여할 수 있겠습니까."

3

조선야암(祖璇野庵) 스님은 항상 황룡의 스님에 대해 말을 하였다.

"황룡혜남(黃龍慧南, 1002~1069) 스님은 너그럽고 후덕하고 충성스럽고 신의가 있으며, 공손하고 온순하고 자애로우며, 도량은 원대하고 박학하다고 널리 소문이 나 있었다.

항상 스승인 운봉문열(雲峰文悅, 998~1062) 스님과 호상(湖湘)[4]에서 노닐었는데, 한번은 나무 아래서 비를 피하게 되었다. 운봉스님은 두 다리를 길게 뻗고 양손을 무릎에 얹은 채 마주앉았으나 황룡스님은 홀로 꼿꼿이 앉아 있었다. 운봉스님은 눈을 부릅뜨고 그를 바라보며 이렇게 말하였다.

'불조의 오묘한 도는 두서너 집 모인 촌락이나 쓸쓸한 옛 사당 속에서 죽은 모습이나 짓고 있는 생명력 없는 것이 아니다.'

그러나 황룡스님은 머리를 조아리고 사례할 뿐, 꼿꼿이 앉기를 더욱 고수하였다. 그러므로 황태사(黃太史) 노직(魯直, 황정견)이 그를 칭찬하기를 '황룡혜남 스님께서는 언제 어디서나 공경을 잃지 않았으니 참으로 총림의 기둥이다.' 하였던 것이다. 『환암집(幻庵集)』

4

자기와 대중을 통솔하는 데는 반드시 지혜가 필요하고, 그릇된 망정을 떨쳐 버리는 데는 반드시 깨달음이 필요하다. 깨달음을 등지고 6진(六塵)과 어울리면 마음이 가려지고, 지혜와 어리석음을 분간 못하면 일이 문란해진다. 『주 감사에게 주는 글[晝監寺書]』

5

불감(佛鑑)스님이 태평사(太平寺)에 머무르면서 고암(高庵)스님에게 유나(維那)직을 맡겼다. 고암스님은 어린 나이에 기상이 호탕하여 제방(諸方)의 스님을 무시하며 마음속으로 인정하는 자가 적었다.

하루는 점심 공양시간을 알리는 건치[揵(건), 작은 종]가 울리니, 행자가 다른 그릇에 음식을 담아 불감스님 앞에 놓는 것을 보았다. 고암스님은 당(堂)에서 나와 엄격한 목소리로 말하였다.

"오백이나 되는 큰스님들에게 다 이렇게 해드린다면 무엇으로써 후학들에게 모범을 보이겠는가?"

불감스님은 못 들은 체하고 있다가 그가 당에서 내려오자 인사하고는 곧 물에다 점심 반찬인 채소를 씻었다. 불감스님은 평소에 비장병(脾臟病)이 있어 기름진 음식을 먹지 못하였기 때문이다. 고암스님은 부끄러워하며 방장실에 나아가 유나직에서 물러나겠다고 하자, 불감스님이 말하였다.

"그대가 한 말은 매우 합당하다. 내 병 때문에 그러했을 뿐이다. 성인께서도 이렇게 말씀하셨다. '이치로써 모든 장애를 뚫는다.' 먹는 것이 호화롭지 못하니 대중들도 의심하지 않는다. 그대는 뜻과 기상이 분명하고 원대하니 뒷날 종문의 기둥이 될 것이다. 행여 이런 사소한 것을 마음에 담아 두지 말기를 바란다."

불감스님이 지해사(智海寺)로 옮겨가자 고암스님은 용문사(龍門寺)를 찾아갔는데 그 후 불안(佛眼)스님의 법을 이었다.

6

대체로 관원과 법담을 나누며 말을 주고받으려면 반드시 알음알이를 제거하여 상대방이 망상의 소굴 속에 앉아 있게 하지 말고, 바로 향상일구[向上一著子(향상일착자)]만을 밝히게 해야 한다.

묘희스님께서도 "사대부와 마주할 때, 그가 질문하면 대꾸하고 질문이 없으면 대답해서는 안 된다. 이런 사람이라야 옳으리라." 하셨는데, 이 말씀은 시대에 도움이 되고 주지의 체통도 상하게 하지 않으니 간절히 생각해야 되리라. 『홍화보암에게 주는 글[與興化普庵書]』

7

땅이 기름지면 만물을 잘 기르고, 주인이 어질면 인재를 훌륭히 기른다.5 그런데 요즈음 주지라고 불리는 자들은 대중은 아랑곳 않고 자기 욕심만 급하게 채운다. 착한 말 듣기를 싫어하고 악한 허물 가리기를 좋아한다. 방자하고 삿된 행동으로 한 때의 뜻은 쾌활하게 하나, 반대로 소인들에게 허물 가리기 좋아하고 충고 듣기 싫어하여 자기가 했던 것들을 고스란히 받게 되니 주지의 도가 어찌 위태롭지 않을 수 있겠는가. 『홍노에게 주는 글[與洪老書]』

8

졸암스님이 야암(野庵)스님에게 말하였다.

"승상인 자암거사(紫巖居士, 장준)가 묘희스님에 대해 이렇게 말한 적이 있었다.

'묘희스님은 평소 도덕·절개·의리·용기를 우선하시니, 친할 수는 있어도 멀리하지는 못하고 가까이는 해도 범접하지는 못하며 죽일 수는 있어도 욕되게 할 수는 없는 분이다. 거처는 방탕하지 않고 음식도 멋대로 맛을 탐하지는 않으며 생사와 재앙에 임해서도 무심히 넘겼으니, 이 분이야말로 간장(干將)의 막야(鏌鎁)6 보검으로서 함께 칼끝을 다투기가 어려운 상대라 하겠다. 다만 해를 입어 다치지나 않을까 미리 걱정스러울 뿐이다.'

뒤에 과연 자암거사의 말처럼 되었다." 『환암기문(幻庵記聞)』

9

야암스님은 주지하면서 납자들의 사정을 잘 알아주고 총림의 일에 밝았다. 언젠가는 나에게 이렇게 말하였다.

"어느 총림의 주지라면 반드시 목적과 실천이 뚜렷한 납자를 가려내어 도와주어야 한다. 그 일을 마치 머리에 빗이 있고 얼굴에 거울이 있듯 한다면 이익과 병통·좋고 나쁜 것이 숨겨지지 못하리라. 이는 자명(慈明)스님이 양기(楊岐)스님을 얻고 마조(馬祖)스님이 백장(百丈)스님을 만났던 경우처럼 물과 물이 서로 합하듯[7] 거슬릴 수 없으리라."『환암집(幻庵集)』

10

껍데기만 받아들이는 말세 학인들은 남의 이론이나 들을 뿐, 자기 체험을 중시하지 않아서 결국 오묘한 도를 찾지 못한다. 그러므로 "산은 높은 것을 싫어하지 않으므로 그 가운데는 무거운 바위가 있고 푸른 숲에 싸여 있으며, 바다는 깊은 것을 싫어하지 않기 때문에 안으로는 사해의 큰물과 깊은 소용돌이가 있다."[8]는 말이 있게 된 것이다.

대도를 탐구하는 요점은 높고 깊은 것을 궁구하는 데 있다. 그런 뒤에야 그윽하고 은미한 곳까지 밝히고 현상의 변화에 무궁하게 응할 수 있다.『근노에게 주는 글[與覲老書]』

11

졸암스님이 우시랑(尤侍郞)에게 말하였다.

"성현의 뜻이 그 속은 느슨한 듯 하나 이치는 분명하고, 겉은 여유롭지만 일은 드러난다. 그러므로 일을 주관하는 데는 빨리 이루어짐을 바라지 않고 꾸준함을 인정하며, 반드시 앞으로 나아가는 것만을 대수로 여기지 않고 여유를 갖고서 살피는 태도를 높이 산다. 이로써 성인의 뜻을 펼쳐 가기 때문에 만세에 뻗치도록 계속되며 과실이 없는 것이다." 『환암집(幻庵集)』

12

시랑 우공(尤公)은 말하였다.

"조사 이전에는 주지라는 직책이 없었으나 그 뒤 세상에 응하여 도를 실천하느라고 부득이해서 주지를 하게 되었던 것입니다. 그러나 지극히 가난하여 비바람을 가릴 정도였으며 음식은 거칠어 주린 배를 채웠을 뿐이었습니다. 고생으로 초췌해진 모습은 근심스럽기 짝이 없을 정도였지만 왕공대인(王公大人)이 한번 만나 보고자 해도 보지 못하는 경우가 있었습니다. 그러므로 그들이 세운 총림은 돌무더기 내려앉듯 한 거리낌 없는 기세여서 천지를 떠들썩하게 하였던 것입니다.

후세엔 그렇지 못하여 높고 넓은 집에서 아름다운 옷과 풍성한 음식으로 턱짓만으로도 자기의 뜻대로 되었습니다.

이때 마군의 무리가 비로소 의기양양하게 그 마음을 요동하며 권세 있는 문전에 기웃거리고 꼬리치며 불쌍하게 봐주기를 바랐습니다. 심지어는 교묘하게 훔치고 폭력으로 빼앗기를 마치 대낮에 남의 황금을 움켜잡듯[正晝攫金][9] 하였습니다. 그리고 다시는 세간에 인과법칙이 있다는 사실 따위는 돌아보지도 않았습니다.

묘희스님이 이를 쓴 것이 어찌 박산(博山)[10]만을 위해서였습니까? 곳곳에 팽배한 악습을 철저히 들춰내 털끝만큼도 빠뜨리지 않았으니, 이는 마치 편작(扁鵲)이 이슬에 약을 복용[11]하고 환자의 오장육부를 훤히 꿰뚫어보듯 하였습니다. 이 말을 믿고 받들어 실천한다면 따로 불법을 구하는 일이 무슨 필요가 있겠습니까.』『영은석각(靈隱石刻)』

13

시랑 우공이 졸암스님에게 말하였다.

"옛날에 묘희스님은 임제스님의 도가 스러져 가는 마당에 일으켜 세워 놓고도 성품이 겸허하여 도를 보았노라고 떠들어대지 않으셨습니다. 평소에 권세 있는 집에 달려가지 않았으며 이양(利養)에도 구차하지 않았는데, 언젠가는 이렇게 말씀하셨습니다.

'만사를 제 뜻대로 쾌락만을 찾아서도 안 되며, 사치스럽고 게으른 태도를 지녀서도 안 된다. 만사 중에는 시대에 도움이 되고 대중을 편케 해주는 것이 있는가 하면, 허물만 있을 뿐 효과는 없는

일도 있게 마련인데, 사치와 방일을 멋대로 한다면 되는 일이 없으리라.'

어리석은 나는 이 말씀을 가슴 깊이 간직하고 평생의 훈계로 삼았습니다.

노스님께서 지난날 주상(主上, 왕)으로부터 내관당(內觀堂)에 유숙하도록 예우를 받은 것은 실로 불법의 행운입니다. 자비원력을 게을리하지 마시어 착한 데로 나아갈 길을 밝게 여시고 대중을 책임진 도가 더욱 넓어지게 하소서. 그리하여 후배들이 이제껏 익힌 습관만을 도모하지 않고 각각 원대한 계획을 품게 하소서. 그러면 어찌 총림을 이롭게 구제하는 길이 아니겠습니까."『연시자기문(然侍者記聞)』

주
:

1 졸암덕광(拙庵德光) : 임제종 대혜파. 육왕산(育王山) 대혜종고 스님에게 참구하여 법을 이었으며, 남악의 16세 법손이다.
2 탕(湯)임금 때의 훌륭한 재상.
3 주나라 무왕(武王) 때의 어진 신하로 강태공이라 알려져 있음.

4   중국 호남성을 중심으로 동정호(洞庭湖)와 상강(湘江)을 함께 가리키는 말이다.
5   『한서(漢書)』 권51 「가추매로전(賈鄒枚路傳)」 21.
6   막야(鏌鎁)는 중국의 옛날 유명한 보검(寶劍)이다. 춘추시대 오나라의 간장(干將)이라는 사람이 오의 왕을 위해 자웅 한쌍의 명검을 만들어 바친 일이 있다. 숫검(雄劍)의 이름은 자신의 이름을 따서 간장 검으로, 암검(雌劍)의 이름은 막야(鏌鎁)로 명명하였다. 막야는 그의 아내의 이름이다. 이후 막야는 명검을 상징하는 말이 되었다.
7   『열자(列子)』 「설부(說符)」.
8   『관무량수불경소(觀無量壽佛經疏)』 권2(T37-255b).
9   정주확금(正晝攫金) : 『열자(列子)』에 이런 이야기가 있다.
    옛날 제(齊)나라에 황금에 눈이 먼 자가 있었다. 이른 아침에 의관을 정제하고 시장으로 갔다. 마침 황금을 파는 곳이 있어 그는 황금을 훔쳐 가지고 도망쳤다. 금방 주인은 그를 쫓아가 체포하고는 말하였다. "사람이 모두 버젓이 있는데 그대는 어찌하여 남의 황금을 훔치는가?" 그는 대답했다. "황금을 훔친 순간에는 사람은 보이지 않고 유독 황금만 보였기 때문이라오."
10 박산(博山) : 효주 천복사의 오본(悟本)스님. 이전에 박산(博山)에서 살았었다. 대혜스님의 법을 이었으며, 남악의 16세 법손이다.
11 편작이 상군(桑君)에게서 약방문을 얻어서 이것을 상지수(上池水), 즉 나무나 댓잎의 이슬과 함께 복용하였더니 21일이 지나자 담장을 통해서 사람을 볼 수 있었고, 또 병자를 보면 오장의 응어리 맺힌 곳이 모두 보여 명의(名醫)가 되었다.

35

티끌 세속에서 불사를 짓다

밀암함걸(密庵咸傑, 1118~1186)[1]

1

총림이 흥하고 쇠하는 것은 예법에 달려 있고, 납자의 아름다움과 추악함은 관습[俗習]에 달려 있다.

가령 옛사람들이 둥우리나 바위굴에 거처하면서 시냇물 마시고 나무열매 먹었던 생활을 이 시대에 적용해서는 안 된다. 반대로 요즘 사람이 풍성하고 아름다운 옷을 입는 것과 맛있고 기름진 음식 먹는 것을 옛 시대로 되돌리는 것도 불가능하다. 그것은 무슨 다른 이유에서가 아니라 익숙하고 익숙하지 못한 차이 때문일 뿐이다. 사람은 아침저녁으로 눈에 익은 것을 정상으로 여기며 반드시 이렇게 말한다.

"모든 일은 이렇게 되어야 마땅하다."

그러니 하루아침에 그들을 다잡아서 저것은 버리고 여기로 나아가라 한다면 의심을 내어 믿지 않을 뿐만 아니라 따르지 않을까 염려스럽다.

이로써 관찰해 본다면 사람 마음은 익숙한 것을 편안하게 여기고, 아직 보지 못했던 것에 대해서는 깜짝 놀란다. 이는 인지상정인데 무얼 괴이하다 하겠는가. 『시 사간에게 주는 글[與施司諫書]』

2

밀암스님이 수좌 오(悟)스님에게 말하였다.

"총림 가운데서 유독 절강인(浙江人)은 경솔하고 나약하여 도를 이룬 자가 적은데, 그대만은 재질이 크고 도량이 넓으며 지향하는 바가 바르고 확실하다. 더욱이 안목마저 깊숙하니 그대의 앞날을 쉽게 말하지 못하겠다. 다만 허명을 숨기고 바깥보다는 내실에 힘쓰며, 자취를 감추고 자기의 잘난 빛을 누그러뜨려 세속과 동화하는 가운데 언행이 모나게 해서는 안 된다.[2] 이는 마치 기와를 구울 때 원형의 판을 네모로 잘라내 사각 기와를 만들고 떼어낸 네 곳을 합쳐 다시 원형을 만들듯 다 용납하는 태도여야 한다.[3]

중도를 지니고 세력과 이익엔 조금도 타협하지 말라. 그렇게 하면 구태여 티끌 같은 세상을 떠나지 않고 그 자리에서 불사(佛事)를 지으리라." 『소암에게 주는 글[與笑庵書]』

3

스승 응암(應庵)스님께서는 일찍이 이렇게 말씀하셨다.

"훌륭한 사람과 못된 이는 서로 반대되므로 가리지 않으면 안 된다. 훌륭한 사람은 도덕과 인의를 지니고 몸을 지키며, 어질지 못한 사람은 오로지 세력·이익과 속임수·아첨을 의지하여 일을 꾸민다.

훌륭한 사람이 목적을 이루면 반드시 그가 배웠던 것을 실천하지만, 어질지 못한 사람이 지위에 오르면 사심(私心)을 제멋대로 하며 덕 있고 유능한 사람을 질투한다. 그리고는 욕심을 즐기고 재물에 구차하여 못할 짓 없이 다 하는 경우가 많다.

그러므로 훌륭한 사람을 만나면 총림이 일어나고, 어질지 못한 사람을 채용하면 피폐하게 된다. 한 가지라도 여기에 문제가 있으면 반드시 조용하지 못하리라."『악 스님에게 보내는 글[見岳和尙書]』

4
주지는 세 가지 하지 말아야 할 것이 있으니 일이 번거로워도 두려워 말고, 일이 없다 해서 굳이 찾지도 말며, 시비분별을 말아야 한다.

주지하는 사람이 이 세 가지 일에 통달한다면 외물(外物)에 끄달리지 않으리라.『혜시자기문(慧侍者記聞)』

5
납자의 행실이 삿되고 바르지 못하여 평소에 착하지 못한 자취가 드러난 자는 총림에서 다 알고 있으므로 근심할 것이 못 된다. 반면 대중들이 그를 훌륭하다 말하나 실제는 안으로 어질지 못한 자가 진실로 걱정거리이다.『보자에게 주는 글[與普慈書]』

6

밀암스님이 수암(水庵)스님에게 말하였다.

"나를 헐뜯고 욕하는 이가 있으면 순순히 받아들여야 한다. 어찌 말만을 경솔하게 듣고 허망하게 좁은 소견을 내어서야 되겠는가.

대체로 민첩하게 아첨하는 데는 종류가 있고 삿되고 교묘함은 방법이 있다. 음험함을 품고 속이는 말을 하는 자는 사심 드러내기를 좋아하고, 의심과 증오가 많은 자는 편파적으로 공론을 폐지한다. 이런 무리들은 추구하는 바가 좁고 소견은 어두워 고질적으로 자신의 특이함을 일반과 다르다 여기고, 공론을 막는 것을 뛰어나다고 여긴다.

그러나 내가 하는 일이 끝내 옳고 훼방은 상대방에 있으니 세월이 가면 저절로 밝혀지리라는 것을 알았으면 흑백을 구별하지 말라. 또한 내가 옳다는 것을 주장하고 다른 사람을 고자질할 필요도 없다. 그렇게 되면 제대로 된 수행자에 가깝다 하리라."『수암에게 주는 글[與水庵書]』

주 :

1 밀암함걸(密庵咸傑) : 임제종 양기파. 선지식(善知識)을 두루 찾아다니다가 명과암(明果庵)의 응암담화(應庵曇華) 스님의 법을 이었으며, 남악의 17세 법손이다.
2 "韜晦無露圭角(도회무로규각)" 도회(韜晦)란 잘 써서 감추어 밖으로 보이지 않게 하는 것이고, 규각(圭角)은 튀어나온 뾰족한 끝을 가리키는 말로 여기서는 재능을 뜻한다. 송(宋)대에 두연(杜衍)이라는 재상이 있었다. 제자 중의 하나가 어느 현의 지사로 임명되었을 때 이 말을 인용하며 남의 눈에 띄는 행동을 자제할 것을 충고했다.
3 『예기(禮記)』「유행(儒行)」.

36

근본을 체득하여 지말을 바르게 하다

자득혜휘(自得慧輝, 1097~1183)[1]

1

일반적으로 납자가 진실하여 정도(正道)를 행한다면 어리석어도 받아들여야 하며, 아첨하면서 삿된 마음을 품고 있으면 지혜로워도 끝내 해로움이 된다. 산중에서 수행하는 사람으로서 마음가짐이 바르지 못하면 재능이 있다 해도 끝내 자기 뜻을 펼 수가 없으리라.『간당기(簡堂記)』

2

대지(大智)스님께서는 특별히 '청규(淸規)'를 창안하여 말법 비구의 부정한 폐단을 고치셨다. 이것을 앞사람들이 받들고 계승하며 조심스럽게 실천하여 교화에 조리와 본말이 있게 되었다.

소흥(紹興) 말년(1162)까지도 총림에는 노덕들이 계시어 법도를 지키며 잠시도 좌우에서 떠나지 않을 수 있었으나 근년에 들어서면서부터는 그 근본 실마리를 잃고 기강(紀綱)이 기강답질 못하니, 비록 기강은 있다 하나 어떻게 바르게 할 수 있겠는가.

그러므로 "벼리[綱] 하나만 들면 숱한 그물코[目]가 쫙 펴지듯 한 기미만 해이해도 만사가 무너진다."[2]고 했던 것이다.

위태롭도다. 기강은 진작되지 못하고 총림도 일어나지 못하는구나. 옛사람은 근본을 체득함으로써 지말을 바르게 하였다. 그래서 법도가 근엄하지 못할까 염려하였을 뿐 납자가 자기 직분을 잃을까 염려하지는 않았다. 그들이 바르게 할 수 있었던 것은 공정에 입각했기 때문이었다. 그런데 요즈음 곳곳의 주지들은 개인적인 것을 공적인 것과 혼돈하고 지말로써 근본을 바로잡으려 한다. 윗사람이 이익에 구차하여 정도(正道)를 시행하지 않으므로, 아랫사람도 이익을 훔치며 의(義)를 행하지 않아서 상하와 빈주(賓主)가 어지럽게 뒤섞여 있으니 어떻게 납자가 정도로 향하고 총림이 잘될 수 있겠는가. 『우 시랑에게 주는 글[與尤侍朗書]』

3

훌륭한 옥도 광석 채로 두고 다듬지 않으면 기왓돌과 다름없고, 훌륭한 말도 달려 보지 않으면 둔한 말과 함께 섞여 있다.[3] 광석은 쪼개서 윤을 내고 말은 달리게 해서 시험해 보아야만 옥인지 돌인지, 명마인지 둔마인지가 분간된다.

납자로서 덕이 훌륭한데도 아직 발탁되지 않았을 때는 **빽빽한**

사람들 가운데 뒤섞여 있는 것이니 어떻게 구별해 내겠는가. 요컨대 고명한 인재가 공론으로 그를 추천하여 직책을 맡겨 재능을 시험하고 임무의 완성을 따져 보는 데 있다. 그렇다면 용렬한 무리들과는 아득히 다를 것이다.

주
:

1   자득혜휘(自得慧輝) : 조동종(曹洞宗). 징소도응(澄昭道凝) 스님에게 구족계를 받고, 천동정각(天童正覺) 스님에게 참구하여 명암(明暗)의 선지(禪旨)를 확연히 깨닫고 그의 법을 이었다.
2   『중설(中說)』 권10 「왕통(王通)」.
3   『주서(周書)』 권23 「소작전(蘇綽傳)」.

37

선지식의 요점은 사람을 알아보는 데 있다
혹암사체(或庵師體, 1108~1179)[1]

1

　혹암(或庵)스님이 차암(此庵) 경원포대(景元布袋, 1092~1146) 스님을 천태산 호국사(護國寺)에서 처음 참례하였다.

　법당에 올라 방거사(龐居士)와 마조(馬祖)스님의 선불장(選佛場)[2]에 대한 게송[3]을 거론(擧論)하는 차에 "여기가 바로 선불장일세."라는 구절에 이르자, 차암스님이 대뜸 할(喝)을 하였다.

　혹암스님은 여기서 크게 깨닫고 이 과거장 상황에 제격일 듯한 게송을 지었다.

　　헤아리길 다한 곳에 제목[試題]을 보고
　　길이 끝나는 데서 시험장에 들었네
　　붓끝을 들자마자 장황한 글 쏟아내니
　　이번에는 3등짜리 급제자[探花郞]는 되지 않으리.[4]

商量極處見題目(상량극처견제목)
途路窮邊入試場(도로궁변입시장)
拈起毫端風雨快(염기호단풍우쾌)
遮回不作探花郞(차회부작탐화랑)

이로부터 자취를 천태산에 숨기고 살았다. 승상 전공(錢公)은 그의 사람됨을 흠모하여 천봉사(天封寺)를 맡아 세간에 응해 주기를 권하였다. 혹암스님이 듣더니 이렇게 말하였다.
"나는 양의 머리를 걸어 놓고 개고기를 파는 짓은 알지 못한다."
그리고는 그날 밤으로 도망을 가 버렸다.

2
건도(乾道) 초년(1165)에 할당(瞎堂)스님이 국청사(國淸寺)에 머무르고 있었다. 이때 혹암스님이 관음상[圓通像]을 보면서 찬(贊)을 한 수 읊었다.

본분에서 나오사 중생을 깨우시나
우러러 보면서도 소경 같은 중생들
장안의 달빛은 고금에 여전한데
뉘라서 더듬더듬 맹인 행세 하겠는가.

不依本分惱亂衆生(불의본분뇌란중생)

瞻之仰之有眼如盲(첨지앙지유안여맹)

長安風月貫今昔(장안풍월관금석)

那個男兒摸壁行(나개남아모벽행)

이 찬(贊)을 듣고, 할당스님이 깜짝 놀라며 기쁜 마음으로 이렇게 말하였다.

"차암(此庵)스님에게 이런 납자가 있는 줄 몰랐다."

그리고는 즉시 두루 찾다가 그를 강심(江心)⁵에서 만나고는 굳이 많은 사람 가운데서 제일 윗자리에 앉기를 청하였다. 『천태야록(天台野錄)』

3

흑암스님이 건도(乾道) 초년에 호구산(虎丘山) 할당스님을 날듯이 방문하였다. 고소(姑蘇) 지방의 4부대중이 그의 고상한 풍모를 소문으로 듣고 즉시 군으로 나아가 추천하며 성안의 각보사(覺報寺)에 머무르게 해주도록 청하였다.

흑암스님은 이 소문을 듣더니 말하였다.

"스승 차암(此庵)께서 나에게 유언하시기를 뒷날 노수(老壽)를 만나면 머무르라 하셨는데 지금은 마치 부절(符節)이 들어맞듯 하구나."

드디어 기쁜 마음으로 명에 응하였다. 이는 각보사의 옛 명칭이 노수암(老壽庵)이었기 때문이다.『호구기문(虎丘記聞)』

4

혹암스님이 각보사에 들어간 후 시주(施主)들이 법문을 청하자, 소참(小參)에서 이렇게 말하였다.

"도는 항상(恒常)하여 나빠지지 않으나6 세상일은 피폐함이 있으면 반드시 좋아질 때도 있다.

옛날 강서(江西)와 남악(南嶽) 등 모든 스님들은 옛 도를 상고하여 가르침을 삼았는데, 그 타당성 여부를 살핌에는 중도(中道)에 입각했으며 인심에 계합하는 일에는 깨달음으로 목표를 삼았다. 때문에 평소의 가풍이 늠름하여 지금에 이르도록 끊이지 않았던 것이다.

지금 우리 문하를 거론해 본다면 말[言]끝에 알음알이를 내어 우리 종풍을 변질시키고, 글귀 아래서 분간하여 불조의 도를 매몰시키고 있다. 비록 이런 판국이긴 하나 물이 다한 곳까지 도달하면 앉아서 산아래 구름 일어나는 것을 보게 되리라."7

그리하여 승속이 이제껏 들어보지 못했던 법문을 기뻐하며, 시장 가는 사람처럼 앞을 다투어 귀의하였다.『어록(語錄)』의 내용과는 차이가 있다.

5

혹암스님이 주지를 맡고 나자 사람들이 새떼처럼 쏠린다는 소문이 납자들에 의해 호구산에 이르자, 할당스님이 말하였다.

"이 산간의 오랑캐 같으니. 제멋대로 눈먼 선[盲禪]에 박자를 맞추는구나. 그들 여우 떼들을 내 혼내 주어야겠다."

혹암스님은 이 말을 듣더니 게송으로 답변하였다.

산간 오랑캐 멋대로 하는 짓 미워할 순 있어도
대중 거느리고 바로잡는 건 아직 없던 일인 듯하네
격식을 초월하여 빗자루 거꾸로 들고
눈먼 선에 박자 맞춰 여우같은 스님 치료하네.

山蠻杜拗得能憎 (산만두요득능증)
領衆匡徒似不曾 (영중광도사부증)
越格倒拈苕箒柄 (월격도념초추병)
拍盲禪治野狐僧 (박맹선치야호승)

할당스님은 보더니 웃을 뿐이었다. 『기문(記聞)』

6

혹암스님이 시랑(侍郎) 증체(曾逮)에게 말하였다.

"도를 배우는 요점은 저울이 물건을 달듯 평형을 유지해야 하니 편중되어서는 안 됩니다. 전후로 미루거나 가까이하는 것도 치우치기에는 매한가지니 이를 알면 도를 배울 수 있습니다."『증공에게 주는 글[見曾公書]』

7

도덕은 총림의 근본이며 납자는 도덕의 근본이니 주지가 납자를 싫어하며 버리는 것은 도덕을 망각한 것이다. 도덕을 잊고 나면 무엇으로 교화를 닦아 총림을 정돈하고 후학을 끌어 주겠는가.

옛사람은 근본을 체득함으로써 지말을 바로잡았으니, 도덕이 실행되지 않는 것을 근심했을지언정 총림에서 제 소임을 잃을까 걱정하진 않았다. 그러므로 "총림의 보존은 납자에게 있고, 납자의 보존은 도덕에 달렸다."고 말했던 것이니, 주지가 도덕이 없다면 총림이 폐지되리라.『간당에게 보내는 글[見簡堂書]』

8

선지식의 요점은 훌륭한 사람을 알아보는 데 있으며 스스로가 잘났다고 여기는 데 있지 않다.[8] 그러므로 훌륭한 사람을 해치는 자는 어리석고, 가려 버리는 자는 어둡고, 질투하는 자는 자신의 견해가 짧아진다. 한 몸의 영화를 얻는 것이 한 세대의 명성을 얻느니만 못하고, 한 세대의 명성을 얻는 것이 훌륭한 납자 하나를

얻어 후학에게 스승이 있고 총림에 주인이 있게 하느니만 못하다.⁹
『원극에게 주는 글[與圓極書]』

9
혹암스님이 초산(焦山)으로 옮긴 지 3년 되던 해, 그러니까 순희(淳熙) 6년(1179) 8월 4일의 일이었다. 먼저 작은 병을 보이시더니 손수 쓴 편지와 벼루 한 개를 즉시 군수시랑(郡守侍郎) 증공(曾公)에게 보내 이별을 하였다. 그리고는 한밤중에 천화(遷化)하자 증공은 게송으로 그를 애도하였다.

짚신 한 짝 메고 훨훨 서풍(西風)을 좇더니
혼연하여 일물(一物)도 포대 속에 없었네
벼루를 남겨 사용하라 하시나
내게는 허공 같은 광명을 그려낼 글재주 없다네.

翩翩隻履逐西風(편편척리축서풍)
一物渾無布袋中(일물혼무포대중)
留下陶泓將底用(유하도홍장저용)
老夫無筆判虛空(노부무필판허공)

주
:

1 혹암사체(或庵師體) : 임제종 양기파. 호국경원(護國景元) 스님의 법을 이었으며, 남악의 16세 법손이다.
2 승관직 채용 과거시험.
3 방거사가 마조스님에게 물었다. "현상의 만법과 짝하지 않는 자는 누구입니까?" 스님이 말하였다. "그대가 한입에 서강수(西江水)를 다 들이킨 뒤에 말해 주겠다." 거사는 활연대오하여 게송을 지어 바쳤다.
시방(十方)이 함께 모여 / 모두가 무위법을 배우네 /
여기가 바로 선불장이니 / 마음이 비어야 급제를 하리라.
十方同聚會(시방동취회) 個個學無爲(개개학무위)
此是選佛場(차시선불장) 心空及第去(심공급제거)
4 장원제에 있어서 갑과에서 전시(殿試)를 보이고 최고득점자 3명에게 준 등급을 말하는데, 1등은 장원(壯元) 또는 장원랑(壯元郞)이라 하여 종6품 홍문관(弘文館) 벼슬을 준다. 2등은 방안(榜眼) 또는 아원(亞元)이라 하여 정7품 벼슬을 준다. 3등은 탐화(探花) 또는 탐화랑(探花郞) 또는 담화랑(擔花郞)이라 하여 역시 정7품의 품계를 준다. 을과는 넷째부터 열째까지, 병과는 그 이하로 하고 각각 정8품과 정9품의 품계를 주었다고 한다.
5 강심(江心)의 초산사(焦山寺).
6 노자의 『서승경(西昇經)』 제18 「위도장(爲道章)」.
7 『원오불과선사어록(圓悟佛果禪師語錄)』 권2(T47-720c).
8 『열자(列子)』 「설부(說符)」 제8.
9 『도덕경약(道德經鑰)』 제23장 「양화편(陽貨篇)」.

38

안을 다스려 밖을 대하다

할당혜원(瞎堂慧遠)[1]

1

할당혜원(瞎堂慧遠) 스님이 혹암스님에게 말하였다.
"사람의 그릇은 원래부터 크고 작음이 있어 실로 교육으로만은 되지 않는다. 그러므로 '포대가 작으면 큰 것을 담지 못하고, 짧은 두레박줄로는 깊은 우물을 긷지 못한다.' 하였고, '올빼미는 밤엔 이도 움켜잡고 가을날 새털 끝도 살피지만, 낮에 나오면 눈을 부릅 떠도 언덕과 산도 보지 못한다.'[2]고 하였던 것이니, 이는 분수가 정해져 있기 때문이다.

옛날 원정남당(遠靜南堂) 스님은 동산(東山)스님의 도를 전수하여 심오하게 깨달았다고 널리 알려졌었다. 그러나 세상에 나와 주지하는 일에 있어서는 가는 곳마다 떨치지 못하였다.

스승 원오스님께서 촉(蜀) 지방으로 돌아가시면서 각범(覺範)스님과 함께 원정 남당스님을 대수(大隨)에서 방문하였는데, 그가 경솔하고 덜렁거려서 모든 일이 해이하여 폐지된 것을 보면서도 원오스님께서는 한마디도 묻지 않으셨다.

되돌아오는 길에 각범(覺範)스님이 말하였다.

'원정스님과 스님께서는 함께 참구했던 도반이었는데도 한마디도 깨우쳐 주지 않았던 것은 무슨 까닭입니까?'

선사께서는 말씀하셨다.

'세상에 응하여 대중에 임하는 요점은 법령을 우선하는 데 있다. 법령이 행해지는 것은 그의 지혜와 능력에 있고, 지능이 있고 없는 것은 그의 본래 분수인데 가르친다 해서 되겠는가?'

그러자 각범스님은 알았다는 듯이 턱을 끄덕이며 수긍하였다."

『호구기문(虎丘記聞)』

2

도를 배우는 인재라면 요컨대 우선 마음을 바르게 해야 한다. 그런 뒤에 자기를 바르게 하고 상대도 바로잡을 수 있다. 그 마음이 바르고 나면 만물이 안정되니 마음이 다스려졌는데도 몸가짐이 흐트러졌다는 자는 이제껏 보지 못하였다.

불조의 가르침은 안으로부터 밖으로 미치며 가까운 곳에서 먼 데로 이른다.

성색(聲色)이 밖에서 현혹하면 사지가 병들고, 허망한 감정이 안에서 발동하면 마음속에 병이 든다.[3] 마음이 바른데도 사물을 다스리지 못하거나, 몸가짐이 올바른데도 다른 사람 교화하지 못하는 것을 보았는가?

이는 마음이 근본이 되고 만물이 지엽이기 때문이다. 뿌리가 튼튼하고 알차면 지엽이 풍성하고, 뿌리가 메마르면 지엽도 말라죽는다. 훌륭하게 도를 배우는 자라면 먼저 안을 다스려 바깥을 대적하고, 바깥을 탐하느라 안을 해치지는 않는다.

그러므로 만물을 인도하는 요점은 마음을 청정히 하는 데 있으며, 남을 바로잡는 것은 원래 자기부터 바로잡는 데 있다. 마음이 바로 되어 자기가 바로 섰는데도 만물이 따라서 교화되지 않는 경우는 없다.『안 시랑에게 주는 글[與顏侍郎書]』

주:

1 할당혜원(瞎堂慧遠): 임제종 양기파. 소각사(昭覺寺)의 원오극근 스님의 법을 이었다.
2 유문전(劉文典),『장자보정(莊子補正)』「외편(外篇)」'추수(秋水)' 17.
3 『도덕경약(道德經鑰)』12.

39

미물까지 덮는 자비를 베풀다

간당행기(簡堂行機)[1]

1

　간당행기(簡堂行機) 스님은 파양(鄱陽) 지방의 관산(管山)에 20년이나 머무르면서 명아주국과 기장밥을 먹으며 마치 세간의 영달엔 뜻을 끊은 듯하였다.

　언젠가는 하산하다가 길가에서 슬피 우는 소리를 들었다. 스님은 측은하게 여기며 그에게 다가가 연유를 물었더니, "온 집안이 학질병에 걸려 두 식구가 죽었으나 가난하여 시신을 거둘 도구가 없기 때문입니다." 하였다. 스님은 특별히 시장에 나가 관을 대여받아 장례하였는데, 이 소문을 듣고 고을 사람들이 감탄해 마지않았다.

　시랑 이춘년(李椿年)이 사대부들에게 이렇게 말하였다.

　"우리 고을의 간당행기 노스님은 도 있는 납자이다. 더욱이 자비로운 은혜가 사물에게까지 미쳤으니, 스님을 관산에서 쓸쓸하게 오래 머무르게 할 수 있겠는가."

마침 추밀(樞密)인 왕명원(汪明遠)이 여러 관부를 순찰하다가 구강군수(九江郡守) 임숙달(林叔達)에게 이르자, 그는 원통전에 법석을 마련하고 스님을 맞이하려 하였다. 스님은 명을 듣자 이렇게 말하였다.

"우리 도가 시행되겠구나."

그리고는 즉시 기쁜 마음으로 주장자를 끌고 왔다. 법좌(法座)에 올라 설법하기를, "이 자리는 사람 살리는 약을 파는 데가 아니라 죽은 고양이²를 팔 뿐이니, 그런 줄도 모르고 생각 없이 먹었다간 온몸에서 식은땀을 뺄 것이다." 하였다. 그러자 승속이 깜짝 놀랐으며 법석이 이때부터 크게 떨치게 되었다. 『난암집(嬾庵集)』

2

옛날엔 몸을 수행하고 마음을 다스리면 다른 사람과 그 도를 나누어 가졌고 사업을 일으키면 다른 사람과 그 공로를 함께하였으며, 도가 완성되고 공덕이 드러나면 남과 그 명예를 함께하였다. 그리하여 도는 완전히 밝아지고 공업은 다 성취되었으며 명예는 영화로웠다.

요즈음 사람들은 그렇질 않다. 자기의 방법만 고수하며 다른 사람이 자기보다 나을까 염려할 뿐 아니라, 또 선(善)을 따라 의로움을 힘써 자신을 넓히지도 못한다. 또한 자기의 공로를 독점하여 남이 그것을 차지하지 못하게 할 뿐 아니라, 덕 있고 유능한 사람에게 맡김으로써 자신을 크게 하지도 못한다. 자신의 명성을 독점하여 남과 나누지 않고 자신을 낮추어 덕을 빛내지도 못하며 중생을 인도함으로써 자신의 명성을 드날리지도 못한다.

이 때문에 도는 가려지고 공로는 손상되며 명예는 욕스러워지는 꼴을 면치 못한다.

이것이 옛날 납자와 요즘 납자의 큰 차이다.

3

도를 배우는 것은 마치 나무를 심는 일과도 같다. 잎이 무성해야 베어서 땔감에 공급하고 좀 자란 뒤에야 찍어서 서까래를 만들며, 더 자라면 베어서 기둥을 만들고 완전히 커져야 대들보가 되니, 이는 노력을 많이 들여야 그 쓸모도 커진다는 얘기가 아니겠는가.

때문에 옛사람은 그 도가 견고하고 커서 좁지 않았고 지향하는 목적은 멀고 깊어서 지나치게 세속적이지 않았으며, 말은 고상하여 천박하지 않았던 것이다. 마침 때를 잘못 만나 추위와 주림으로 언덕이나 골짜기에서 죽었다 해도, 그가 남긴 가풍과 공덕은 백천 년토록 뻗쳐 뒷사람들이 본받고 전하였던 것이다.

가령 지난날 짧은 도로 구차하게 용납되고 근시적인 목적으로 영합되기를 구하며, 비루한 말로 세력 있는 이를 섬겼더라면 그 이

익은 자기만을 영화롭게 하는 데 그쳤을 뿐, 남은 은택이 후세에
두루 미칠 수 있었겠는가.『이 시랑에게 주는 글 두 편[與李侍郞二書]』

4
간당스님이 순희(淳熙) 5년(1178) 4월에 천태산 경성암(景星巖)에서 은정사(隱靜寺)로 다시 부임하게 되었다.
급사(給事)였던 오패(吳芾, 1104~1183)는 휴휴당(休休堂)에서 노년을 편안히 보내고 있었는데 도연명(陶淵明)의 시에 13편을 화답하여 가는 길을 전송하였다.

①
숲 속으로 돌아온 뒤
나는 세상과 멀어졌네
선지식 한 분이 계셨으니
때로는 나의 움막 찾아오셔서
함께 법담을 나누며
불서 읽는 나를 사랑하셨네
이윽고 경성암 떠나시니
나도 떠날 준비해야 하겠네
문득 나도 발우를 펴고
스님 따라 소반을 공양하며

진속(塵俗)의 누를 벗어나

깊이 바위 속에 묻히고 싶네

이 바위 정말로 높아

산해도(山海圖)에서 우뚝 빼어났으나

스님의 고상함에 비한다면

도리어 그만 못하다 하리.

我自歸林下(아자귀임하) 已與世相疎(이여세상소)
賴有善知識(뇌유선지식) 時能過我廬(시능과아여)
伴我說道話(반아설도화) 愛我讀佛書(애아독불서)
旣爲巖上去(기위암상거) 我亦爲膏車(아역위고차)
便欲展我鉢(편욕전아발) 隨師同飯蔬(수사동반소)
脫此塵俗累(탈차진속루) 長與巖石居(장여암석거)
此巖固高矣(차암고고의) 卓出山海圖(탁출산해도)
若比吾師高(약비오사고) 此巖還不如(차암환불여)

②

내가 사는 산굴 속

사면이 우뚝한 겹겹의 바위

경성암이라 불리는 바위 있어서

가 보고자 한 지 몇 년 되었나

지금에야 절묘함을 확인하고서
일견에 뭇 산이 작게 보였네
다시 스님이 주인 되었으니
산과 스님 모두 깊어 쉽사리 말 못 하겠네.

我生山窟裏(아생산굴리) 四面是屛顏(사면시잔안)
四面是屛顏(사면시잔안) 欲到知幾年(욕도지기년)
今始信奇絶(금시신기절) 一覽小衆山(일람소중산)
更得師爲主(갱득사위주) 二妙未易言(이묘미이언)

③

호산 속에 있던 내 집도
눈만 뜨면 숲과 언덕뿐이나
수려한 이곳에 비하면
비교 안 될 언덕 정도니
구름 서린 산 천 리에 뻗어 있고
샘물은 사철 흐르네
내 이제야 비로소 와 보니
오호(五湖)에서의 노닒을 능가하네.

我家湖山上(아가호산상) 觸目是林丘(촉목시임구)
若比玆山秀(약비자산수) 培塿固難儔(배루고난주)

雲山千里見(운산천리견) 泉石四時流(천석사시류)
我今纔一到(아금재일도) 已勝五湖遊(이승오호유)

④
내 나이 일흔다섯
나무 끝에 비껴 가는 석양빛 같아
몸은 아직 죽지 않았다 해도
어찌 오래갈 수 있으랴
그래도 숲 속에 머무르는 것은
스님과 말년을 빛나게 하렴이었네
외로운 구름 한 점 어느덧 흩어지니
멀리 또 가까이 창황빛이 선명하네.

我年七十五(아년칠십오) 本末掛殘陽(본말괘잔양)
縱使身未逝(종사신미서) 亦能豈久長(역능기구장)
尙冀林間住(상기임간주) 與師共末光(여사공말광)
孤雲俄暫出(고운아잠출) 遠近駭蒼黃(원근해창황)

⑤
평소에 산을 사랑하였으나
세속에 얽매여 가련키도 하였어라

지난날 이 고을 맡았을 때엔
이 은정산을 알지 못하다가
스님 그리워 왔건만 또 떠나시니
부끄러워라. 내 다시 무얼 말하리
그래도 오래 가 있지 마시고
돌아와 함께 여생 보내소서.

愛山端有素(애산단유소) 拘俗亦可憐(구속역가련)
昨守當塗郡(작수당도군) 不識隱靜山(부지은정산)
羨師來又去(선사내우거) 媿我復何言(괴아부하언)
尙期無久往(상기무구왕) 歸送我殘年(귀송아잔년)

⑥
마음은 꺼진 재 같고
몸은 죽은 나무 같으시나
납자들의 큰 귀의처 되심이
빈 골짜기 메아리 답하듯 하네
저의 더러운 몸 보살피사
최상의 법(法)으로 씻어 주시고
다시 원하옵나니 부처님의 법등 널리 펼치사
저희를 위해 대대로 밝혀 주소서.

師心如死灰(사심여사회) 形亦如槁木(형역여고목)
胡爲衲子歸(호위납자귀) 似響答空谷(사향답공곡)
顧我塵垢身(고아진구신) 正待醍醐浴(정대제호욕)
更願張佛燈(갱원장불등) 爲我代明燭(위아대명촉)

⑦
무성한 바윗가 나무
여름 들어 모두 그늘 이루니
오랫동안 가시밭 땅이
하루아침에 총림이 되었네
내 납자와 함께
해조음(海潮音) 들으렸더니
모였다간 흩어지는 인생
갑작스런 이별에 새삼 마음 놀라네.

扶疎巖上樹(부소암상수) 入夏總成陰(입하총성음)
幾年荊棘地(기년형극지) 一旦成叢林(일단성총림)
我方與衲子(아방여납자) 共聽海潮音(공청해조음)
人生多聚散(인생다취산) 離別忽驚心(이별홀경심)

⑧
스님과 내왕한 세월
길지는 않지만
어느덧 친한 사이 되었고
풍류도 뛰어났어라
스님은 바위에 편히 앉으시고
나는 먹을 양식 모았네
행여 스님이 일찍 돌아오신다면
즐거운 마음 다함없으리.

我與師來往(아여사내왕) 歲月雖未長(세월수미장)
相看成二老(상간성이로) 風流亦異常(풍류역이상)
師宴坐巖上(사연좌암상) 我方爲聚糧(아방위취량)
倘師能早歸(당사능조귀) 此樂猶未央(차락유미앙)

⑨
분분히 선(禪)을 배우는 자
경쟁하듯 분주하네
말만 꺼냈다 하면
어리석은 마음으로 자부심 내나
도의 경지를 살펴보면

스님 같은 이 거의 없어라
상승법(上乘法) 전하는 사람이여
임제(臨濟)의 뒤를 영원히 빛내소서.

紛紛學禪者(분분학선자) 腰包競奔走(요포경분주)
纔能說葛藤(재능설갈등) 痴意便自負(치의변자부)
求其道德尊(구기도덕존) 如師蓋希有(여사개희유)
願傳上乘人(원전상승인) 永光臨濟後(영광임제후)

⑩
우리 고을의 많은 스님네들
운해(雲海)처럼 드넓은데
대기(大機)는 오래 전에 없어졌으나
다행히 소기(小機)에 의지하니
일잠(一岑)[3]과 어깨를 나란히 하여
완전하여 둘 다 모자람 없어라
당당한 두 노숙의 선(禪)이여
온 나라가 모두 기대합니다.

吾邑多緇徒(오읍다치도) 浩浩若雲海(호호약운해)
大機久已亡(대기구이망) 賴有小機在(뇌유소기재)
仍更與一岑(잉갱여일잠) 純全兩無悔(순전양무회)

堂堂二老禪(당당이로선) 海內共期待(해내공기대)

⑪
옛날엔 주지하는 일 없었고
법지(法旨)만을 전했을 뿐이니
색공(色空)을 깨달으면
그대로 생사를 초월하였네
못난 중 본래면목에 어두우니
어찌 서쪽으로 돌아갈 길 알겠으리오
선상(禪床)에 앉아 장사나 하니
불법은 이제 무엇을 의지하랴.

古無住持事(고무주지사) 但只傳法旨(단지전법지)
有能悟色空(유능오색공) 便可超生死(변가초생사)
庸僧昧本來(용승매본래) 豈識西歸履(기식서귀리)
買帖坐禪床(매첩좌선상) 佛去將何恃(불거장하시)

⑫
스님 중에 고승 있듯
선비도 고사(高士) 있다네
나는 고사 아니나

거친 마음으로나마 그칠[止] 줄 알았네
스님은 그러한 분이시라
특별히 하는 근심은 당신 때문이 아니라오
나와 스님, 이웃집 사람임이
어찌 그리도 다행이온지.

僧中有高僧(승중유고승) 士亦有高士(사역유고사)
我雖不爲高(아수불위고) 心麤能知止(심추능지지)
師是個中人(사시개중인) 特患不爲爾(특환불위이)
何幸我與師(하행아여사) 俱是隣家子(구시인가자)

⑬
스님도 원래 가난한 화상이요
나도 궁색한 수재(秀才)라네
곤궁 참는 마음 이미 사무쳤으니
늙은이 어찌 되돌아오지 않겠나
지금 스님과 잠시 이별하나
천석(泉石)은 시기치 말라
인연 따라 나에게 되돌아온들
스님이야 어찌 마음이 있으랴.

師本窮和尙(사본궁화상) 我亦窮秀才(아역궁수재)

忍窮俱已徹(인궁구이철) 老肯不歸來(노긍불귀래)
今師雖暫別(금사수잠별) 泉石莫相猜(천석막상시)
應緣聊復我(응연료부아) 師豈有心哉(사기유심재)

5

급사(給事) 오공(吳公)이 간당스님에게 말하였다.

"옛사람은 천암만학(千巖萬壑) 사이에서 모든 사려분별을 끊고서 흐르는 시냇물을 마시고 나무열매를 먹으며 마치 부귀공명에는 뜻을 끊은 듯하였습니다. 그러던 중 갑자기 주지를 맡으라는 명을 받게 되면 방아지기 등의 천한 일로 자기의 잘난 자취를 숨기고 살아갔으며 애초에 출세에는 마음이 없었으니, 그러므로 끝내는 불법을 이어가는 조사의 대열에 끼게 되었습니다. 그러므로 무심(無心)에서 얻으면 그 도와 덕은 넓어지고, '구할 것이 있겠거니.' 하는 마음으로 헤아리면 그 명성과 목적은 비루해집니다.

스님께서는 도량이 원대하셔서 고인의 자취를 계승, 완산(筦山)에서 11년이나 깃들 수 있었습니다. 그리하여 마침내 총림의 훌륭한 그릇을 이루셨습니다.

요즈음의 납자들은 안으로는 지키는 것이 없고 밖으로 분주하고 화려한 것을 좇아갑니다. 그리하여 긴 안목은 줄어들고 큰 뜻도 없어 불교를 받들고 돕지 못합니다. 때문에 스님보다 한참이나 못한 것입니다."

6

사람의 마음[常情]은 미혹이 없는 경우가 드문데, 이는 맹신에 가리우고 의심에 막히며, 가볍다고 소홀히 하고 애착에 빠져 있기 때문이다.

믿음이 치우치면 말만 듣고 사실을 생각하지 않으므로 타당성을 잃는 말을 하게 된다. 의심이 심하면 사실이라 해도 그 말을 듣지 않고 드디어는 사실을 놓치고 듣는 경우가 있게 된다. 어떤 사람을 가볍게 보면 중요한 일까지 빠뜨리고, 그 일만 아끼다 보면 버려야 할 사람을 놔두게 된다. 이는 모두가 경솔하게도 자기 멋대로 생각하고 도리에 맞는지를 묻지 않았기에, 결국에는 불조의 도를 망각하고 총림의 인심을 잃게 되는 것이다.

그러므로 보통사람이 경솔하게 여기는 것을 성현은 소중하게 여긴다. 옛 스님은 말하기를, "원대하게 계획하는 자는 우선 가까운 데서 시험하고, 큰 것을 힘쓰는 자는 반드시 은미한 데서 조심한다." 하셨다. 그러므로 널리 듣고 채택하여 중도를 살펴 운용함이 중요할지언정 실로 실정에 맞지 않는 고상함만을 흠모하고 특이함을 좋아하는 데에 도가 있는 것은 아니다. 『오 급사에게 주는 글[與吳給事書]』

7

간당스님은 성품이 맑고 온화하여 자비로운 은혜가 남에게까지 미쳐 갔으니, 혹 납자에게 약간의 잘못이 있다 해도 덮어 주고 보호하여 그의 덕을 이루어 주었다.

언젠가는 이렇게도 말하였다.

"사람이라면 누군들 허물이 없겠는가. 허물을 고치는 데에 장점이 있는 것이다."

스님이 파양 지방 완산에 머무르던 날, 마침 몹시 추운 겨울이라 눈이 연일 내려 죽 끼니도 제대로 잇지 못하였으나, 스님은 아무렇지도 않은 것 같았다. 그러더니 이런 노래를 지었다.

지로(地爐)[4]에 불 없고 객승의 바랑 비었는데
세모(歲暮)에 버들꽃 같은 눈 내리네
누더기 덮었더니 고목 같은 몸 불붙듯 하여
고요하고 쓸쓸한 곳에 있다는 사실도 잊어버렸네.

地爐無火客囊空(지로무화객낭공)
雪似楊花落歲窮(설사양화락세궁)
衲被蒙頭燒榾柮(납피몽두소골돌)
不知身在寂寥中(부지신재적요중)

스님은 평생 도에 자적하면서 영화나 명예를 중하게 여기지 않았다. 여산(廬山) 원통(圓通)스님의 청을 받고 부임하던 날도 주장자와 짚신뿐이었으나 스님의 씩씩한 기색을 보는 자들은 속으로 알아보았다.

　구강군수(九江郡守) 임숙달(林叔達)은 스님을 가리켜 불법의 대들보이며 나루터라고 평하였다.

　그 일로 사방에 이름이 알려졌으나 벼슬에 나아가느냐 들어앉느냐의 문제에 있어서는 실로 옛 스님들의 체통과 품격을 체득하였던 것이다. 그리하여 그가 죽던 날엔 천한 심부름꾼까지도 눈물을 흘렸다.

8

　시랑인 장효상(張孝祥)은 풍교(楓橋)⁵의 연장로(演長老)⁶에게 편지를 드려 말하였다.

　"옛날의 모든 조사들은 주지 맡는 일이 없었습니다. 문호를 개방하고 제자들을 받아들였던 것은 마지못해서였습니다. 그러다가 상법(像法)마저 쇠퇴한 시기에는 실제로 땅을 떼어 주거나 관직 임명장으로 절을 매매한다는 말이 있을 지경에 이르렀습니다. 지난날 풍교사(楓橋寺)가 어지러웠던 경우도 모두가 이러한 물건들 때문이었습니다.

　스님의 관직에 대한 처신은 사람들이 모두 아는 바와 같이 병아리가 알을 깨고 나올 때, 새끼와 어미가 안팎으로 동시에 쪼아대듯⁷ 원래 힘을 들이지 않고 인연이 있으면 머무르고 인연이 다하면 문득 떠나셨습니다.

그런데 여래를 팔아먹는 무리들은 이 주지 자리에 앉으려고 지옥 갈 업을 짓고 있으니, 차라리 누구라고 지적하여 맡기는 편이 나을 듯합니다."『한산사석각(寒山寺石刻)』

주
:

1 간당행기(簡堂行機) : 호국경원(護國景元) 스님의 법을 이었으며, 남악의 16세 법손이다.
2 어떤 스님이 조산(曹山)에게 묻기를, "세간에서 어떤 물건이 가장 귀합니까?" 하니 조산스님이 대답하기를, "죽은 고양이가 가장 귀하지." 하였다.
3 원극언잠(圓極彦岑) 스님.
4 난로의 일종. 화톳불, 땅에다 불을 피워 몸을 쪼이게 하는 것.『선문염송』제437칙 '지로(地爐)' "조주(趙州)가 시중(示衆)하였다. '노승(老僧)이 30년 전에 남방(南方)에 있을 때, 지로(地爐) 곁에서 손도 주인도 없는 이야기[無賓主話]를 한바탕 던진 적이 있었는데, 아직껏 아무도 들추는 이가 없구나.'"
5 소주의 한산사(寒山寺) 앞에 있음.
6 연장로 : 상주 화장(華藏)의 둔암종연(遯庵宗演) 스님. 대혜스님의 법을 이었으며, 남악의 16세 법손이다.
7 줄탁동시(啐啄同時) : 오랜 기간에 걸쳐 수행이 성숙하여 점차 깨달음을 얻어가는 제자에게, 스승이 빈틈을 주지 않고 곧 하나의 교시를 주어 제자를 깨달음의 경지로 이끌어 들이는 것.『열자(列子)』「탕문편(湯問篇)」제5에 옛날 중국에서 활의 달인 두 명이 시합했을 때, 두 사람이 쏜 화살이 중간에서 충돌하고 말았다는 고사에서 유래함.

40

조계의 정통을
다시 일으켜 주기를 간청하다

자수회심(慈受懷深, 1077~1132)[1]

●

자수회심(慈受懷深) 스님이 경산지눌(徑山智訥) 스님에게 말하였다.

"2, 30년래에 선문(禪門)이 쇠퇴해져서 거의 봐주지 못할 지경입니다. 남으로 북으로 치닫는 제방(諸方)의 장로는 그 숫자를 모를 정도이고, 눈에 가득 거처를 나누어 흩어진 대중들뿐입니다.

이런 판국에서도 사형(師兄)께서만은 정신과 감정이 흔들리지 않고 앉아서 안정을 누리십니다. 어떻게 좀스러운 소인들과 같은 수준으로 말할 수 있겠습니까. 진정 흠모하는 마음일 뿐입니다. 이러한 인연은 도가 충만하고 덕이 알차서 깨달음과 실천[行解]이 서로 일치하지 않는 자라면 어떻게 이렇게 될 수 있겠습니까.

다시 바라옵는 것은 후배들을 힘써 인도하여 조계(曹溪)의 바른 근원이 다시 크게 불어나고, 시든 깨달음의 나무에 다시 봄처럼 생기가 돌게 하소서. 이것이 구구하게 못난 저의 마음으로 바라는 바입니다." 『필첩(筆帖)』

주 :

1 자수회심(慈受懷深) : 운문종. 장로숭신(長蘆崇信) 스님의 법을 이었다.

41

비방과 참소를 잘 분별해야 한다

영지원조(靈芝元照, 1049~1116)[1]

참소[譖][2]와 비방[謗][3]은 어떤 차이인가?

참(譖)은 반드시 방(謗)을 의지하여 일어난다고 해야 하리라. 이는 비방에서 그치고 참소까지는 가지 않는 경우는 있어도 참소하면서 비방을 곁들이지 않는 경우는 없기 때문이다. 깊숙한 참소는 증오와 질투로 시작하였다가 신의를 가볍게 보는 결과를 낳는데, 그것은 아첨하는 소인들이나 하는 짓이다.

옛날에도 충성을 다하여 임금을 보필하는 자, 효성을 다하여 어버이를 섬기는 자, 의로움을 안고 벗이 된 자들이 있어 군신이 서로 마음을 얻고 부자가 서로 사랑하며 벗들은 서로 친하였다. 그러다가 하루아침에 다른 사람의 깊숙한 참소에 녹아나서 반목(反目)하고 빈축하며 사이가 벌어져 서로 등지게 된다.[4] 그리하여 서로를 원수처럼 보는 지경에 이르게 되는데, 이는 옛 성현도 면치 못하였다. 그러나 처음에는 분별하지 못했다가 오랜 후에 밝혀진 것도 있고, 살아서는 몰랐다가 죽은 후에 밝혀진 것도 있으며, 죽음에 이르도록 분별하지 못하고 영원히 은폐된 경우도 있으니, 이런 것은 이루 다 셀 수조차도 없다.

자유(子游)는 이렇게 말했다.

"임금을 섬기면서 너무 꼿꼿하게 간언하면 자기에게 욕됨이 돌아오고, 친구간에 충고가 잦으면 사이가 벌어진다."[5]

이는 사람들에게 깊숙이 참소하는 말을 멀리하도록 주의를 시킨 것이다.

아아, 참(讒)과 방(謗)을 반드시 잘 살펴야 한다.

그런데 경사(經史)에 이를 기록하여 다 밝혀 놓았기 때문에 공부하는 이들이 보고 그 잘못을 모르는 사람이 없었으나, 더러는 자신이 비방하는 입에 빠져들어 답답하게도 죽을 때까지 스스로 밝히지 못한 자가 있었다.

이는 틀림없이 헐뜯는 말을 노여운 마음으로 받아들이며 살피지 않았기 때문에 헐뜯는 사람이 아첨한 것이리라. 또 다른 소인들이 그의 앞에서 다시 남을 헐뜯는 경우에 이르러서도, 들어주며 당연하게 여기니 이를 총명하다 할 수 있겠는가.

기막히게 헐뜯는 사람은 교묘하고 민첩하게 싸우도록 얽어매 놓고, 영합하고 뒤집어씌우면서 멍청한 이들을 마치 귀신에게 홀린 듯하게 한다. 그리하여 죽을 때까지도 살피지 못한 자가 있게 한다.

공자께서도 이 문제에 대해서는 "자기도 모르게 점점 스며드는 헐뜯음과 피부가 저릴 만큼 애절한 하소연"[6]이라는 표현을 쓰셨다. 이는 점차적으로 스며와서 사람들이 미리 알아채지 못함을 경계한 것이다.

지극히 효성스러운 증자(曾子)의 경우에도 어머니는 그가 반드시 살인을 했으리라고 의심하였으며,[7] 『한비자(韓非子)』에 나오는 왕과 방공과의 대화에서도, 시장은 숲이 아닌데도 사람들은 거기에 호랑이가 있으리라고 꼭 의심할 것이라[8] 하였다.

더러는 이런 데에 넘어가지 않은 자도 있었으니, 바로 그런 이를 총명하고 원대한 군자라 말한다.

나는 어리석고 졸렬하며 엉성하고 게을러서 다른 사람에게 아부하고 부질없이 기쁘게 하지는 않았다. 이 때문에 사람들이 헐뜯고 비방하는 경우가 많았으므로 나는 이야기를 듣고 스스로 자신을 반성하며 이렇게 말하였다.

"상대방의 말이 과연 옳은 것일까? 옳다면 나는 당연히 허물을 고치리라. 그렇게 되면 상대방이 바로 나의 스승이다. 상대방의 말이 과연 잘못된 것일까. 그렇다면 상대방이 부질없을 뿐이다. 어떻게 나를 더럽힐 수 있겠는가."

이런 판단이 선 후로는 귀로 듣고만 있었지 입으로는 따지지 않았다. 사람들이 살폈느냐 살피지 못했느냐 하는 것은 그들의 재능과 식견이 총명한가 총명하지 못한가에 있었을 뿐이다. 내가 무엇 때문에 잘잘못을 따져 가지고 다른 사람의 인심이나 사려 하겠는가. 그러나 오랜 후에 밝혀질는지, 뒷세대에 가서야 밝혀질는지, 영원히 밝혀지지 않을는지는 모를 일이다.

문중자(文中子)⁹는 말하기를, "어떻게 비방을 그치게 할까? 이러니저러니 따지지 말아야 하리라."¹⁰ 하였다. 나는 이 말씀을 명심하리라.¹¹ 『지도집(芝圖集)』¹²

주 :

1 영지원조(靈芝元照) : 항주(杭州) 영지사(靈芝寺)에 머물렀으며, 자(字)는 담연(湛然)이다.
2 훌륭한 이를 해칠 목적으로 하는 절박한 말.
3 단순히 남의 단점만을 들춰내는 말.
4 묵자(墨子), 『겸애중(兼愛中)』.
5 『논어(論語)』 「이인(里仁)」 제4.
6 『논어』 「안연(顔淵)」 제12.

7 진(秦)나라의 감무(甘茂)는 이렇게 말하였다. "노(魯)나라에서 증삼과 같은 이름을 가진 사람이 살인을 하였다. 어떤 사람이 그의 어머니에게 '증삼이 사람을 죽였다.'고 말하자, 어머니는 '내 아들은 살인할 사람이 아니다.'라고 하였다. 그리고는 태연히 그대로 베를 짜고 있었다. 조금 있다가 또 증삼이 사람을 죽였다고 하였으나 어머니는 또 태연하였다. 또 한 사람이 와서 그렇게 말하자, 어머니는 북통을 던지고 베틀에서 내려오더니 담장을 넘어서 도망을 가 버렸다."

8 『한비자(韓非子)』에서는 이렇게 말하였다. "방공태자(龐共太子)가 감단(邯鄲)에 볼모로 잡혀 있으면서 위왕(魏王)에게 말하였다. '지금 한 사람이 시장 가운데 호랑이가 있다고 말한다면 왕은 아니라고 부정할 것입니다. 또 한 사람이 정말이라고 하면 왕은 아니라고 할 것입니다. 그러나 세 사람이 호랑이가 있다고 한다면 왕은 믿으실는지요?' 왕은 말하였다. '나는 그것을 믿을 것이다.' 방공태자는 말하였다. '시장에는 호랑이가 없는 것이 분명합니다만 세 사람이 시장에는 호랑이가 있다고 한다면 왕은 그것을 믿어 버립니다. 그렇다면 아첨하는 말을 가볍게 믿지 마시고 왕께서는 이를 살피십시오.' 왕은 매우 기뻐하였다."

9 수나라 양제 때 사람인 왕통(王通).

10 『자치통감(資治通鑑)』 권179 「문제인수삼년(文帝仁壽三年)」.

11 『지원집(芝園集)』 권2 「참의(讒議)」(X59-664a).

12 『지원집(芝園集)』을 말하므로 '도(圖)'는 오기로 보임.

42

선과 교에서 모두 무상(無上)의 도를 말하다

뇌암도추(懶庵道樞)[1]

1

도를 배우는 사람이라면 깨닫기를 기약하고 진실한 선지식을 찾아 의심을 해결하여야 한다. 털끝만큼이라도 알음알이[情見]가 다하지 못하면 바로 이것이 생사의 근본이다. 알음알이가 다한 곳에서는 모름지기 그것이 다한 까닭을 참구해야 한다. 이는 마치 사람이 집안에 있으면서 하나라도 미비한 일이 있는지를 근심하는 것과도 같다.

위산(潙山)스님은 말하였다.

"요즈음 사람들은 인연 따라 일념(一念)에 돈오(頓悟)하는 본래 이치를 얻긴 했으나, 그래도 시작 없이 흘러온 습기(習氣)는 한꺼번에 다 없애지 못한다. 그러므로 반드시 납자들에게 현전(現前)하는 업식(業識)을 말끔히 제거하게 하는 것이 수행이며, 따로 수행문이 있다 하여 그리로 나아가게 해서는 안 된다."[2]

위산스님은 고불(古佛)이었기 때문에 이 말씀을 하실 수가 있었던 것이다. 혹 그렇지 않았더라면 죽는 마당에 손발을 허우적거리며 여전히 끓는 물에 떨어지는 방게 같은 신세를 면치 못했으리라.

2
율장(律藏)에서는 이렇게 말하였다.
"승물(僧物)에 네 가지가 있다.
첫째는 상주상주승물(常住常住僧物),[3] 둘째는 시방상주승물(十方常住僧物),[4] 셋째는 현전상주승물(現前常住僧物),[5] 넷째는 시방현전상주승물(十方現前常住僧物)[6]이다."
상주승물은 털끝만큼이라도 범해서는 안 된다. 그 죄가 가볍지가 않다고 예나 지금이나 성인들이 그렇게 간절하게 말씀하셨는데도 듣는 사람들이 더러는 반드시 믿지도 않으며, 믿는다 해도 꼭 실천하지는 않는다.
나는 세상에 나아가 도를 행할 때나 혹은 물러나 은둔할 때나 언제고 이 문제를 절실히 염두에 두고 지냈다. 그러면서도 지극하지 못한 바가 있을까 두려워 게송을 지어 자신을 경책하였다.

시방승물 산처럼 무거운데
만겁천생인들 어찌 쉽게 돌려주랴
모든 부처님 말씀 믿지 않으면

뒷날에 어떻게 지옥을 면하랴
사람몸 얻기 어려우니 잘 생각하라
축생이 되었을 땐 세월이 길리라
쌀 한 톨 탐하기를 우습게 알면
부질없이 반 년의 양식 잃으리라.

十方僧物重如山(시방승물중여산)
萬劫千生豈易還(만겁천생기이환)
金口共譚曾未信(금구공담증미신)
他年爭免鐵城關(타년쟁면철성관)
人身難得好思量(인신난득호사량)
頭角生時歲月長(두각생시세월장)
堪笑貪他一粒米(감소탐타일립미)
等閑失却半年糧(등한실각반년량)

3

『열반경(涅槃經)』에는 다음과 같은 내용이 있다.

"어떤 사람이 대열반에 대한 설법을 듣고서 한 구절 한 글자마다 그대로 이것이다 저것이다 하는 생각[相]을 내지 않고, 나는 설법을 듣노라 하는 생각도 내지 않으며, 부처님은 이러이러하시겠구나 하는 생각, 어떠어떠하게 설법하리라는 생각들을 모두 내지 않는다면 이러한 의미를 모양 없는 모양[無相相]이라 한다."[7]

달마대사가 바다를 건너와서 문자를 세우지 않았던 것은 앞서 말한 무상(無相)의 뜻을 밝힌 것이지, 대사 자신이 새로운 뜻을 제시하여 따로 종지를 세운 것은 아니다.

요즈음 학자들은 이 뜻을 깨닫지 못하고 "선종(禪宗)은 별도의 종지이다."라고 말하며, 선을 으뜸으로 여기는 자는 교(敎)를 비난하고 교를 으뜸으로 여기는 자는 선을 틀렸다고 한다. 그리하여 마침내 두 갈래로 종지가 갈라져 서로가 시끄럽게 헐뜯으며 그만두질 못한다. 아아, 지식이 천박하고 고루하여 한결같이 이 지경이 되었다. 이는 어리석지 않으면 미친 자이니, 매우 탄식할 만한 일이다. 『심지법문(心地法門)』

주:

1 뇌암도추(懶庵道樞) : 영은사(靈隱寺)에 머물렀으며, 도량거혜(道場居惠) 스님의 법을 이었다.
2 『담주위산영우선사어록(潭州潙山靈祐禪師語錄)』권1(T47-577c).
3 상주상주승물 : 여러 스님들이 사는 집·집물(什物)·수목·전원·노비·쌀·보리 등의 물건으로서, 자체가 당처에 국한되어 다른 경계로는 통용될 수 없다. 이는 받아서 쓰기만 할 뿐 나누어 파는 것이 허락되지 않으므로 상주상주(常住常住)라는 반복된 표현을 썼다.
4 시방상주승물 : 사중(寺中)에서 스님들께 공양하는 익힌 음식 등의 물건을 말한다. 이 물건은 여러 곳에 다 갖춰 쓸 수 있으며 제자리에만 국한하지 않는다. 『선견률(善見律)』에서는 이렇게 말하였다. "종을 치지 않았는데도 음식을 먹는 것은 투도죄(偸盜罪)를 범한 것이 된다." 요즈음 모든 사찰에서는 동시에 음식을 먹는데, 음식이 다 되면 종과 북을 친다. 이는 시방승(十方僧)이 모두 함께 공양할 자격이 있음을 밝히기 위함이다.
5 현전상주승물 : 이는 두 종류가 있다. 첫째는 일물현전상주(一物現前常住)이며, 둘째는 승중현전상주(僧衆現前常住)이다. 이 물건은 바로 눈앞에 보이는 승려 대중에게만 베풀기 때문이다.
6 시방현전상주승물 : 입적한 스님의 물건을 말한다. 이는 본처에 있는 현재의 스님만이 나누어 가질 수 있다.
7 『대반열반경(大般涅槃經)』권24「광명변조고귀덕왕보살품(光明遍照高貴德王菩薩品)」(T12-505a).

04 성철스님이 가려 뽑은 한글 선어록

선림의 수행과 리더쉽
정선스님의 선림보훈

개정판 1쇄 인쇄	2017년 7월 15일
개정판 1쇄 발행	2017년 7월 20일

지은이	정선
감역	벽해 원택

발행인	여무의(원택)
발행처	도서출판 장경각
등록번호	합천 제1호
등록일자	1987년 11월 30일
본사	경남 합천군 가야면 해인사길 122 해인사 백련암
서울사무소	서울시 종로구 삼봉로 81 (수송동, 두산위브파빌리온) 931호
	전화 (02)2198-5372 팩스 (050)5116-5374
	홈페이지 www.sungchol.org

편집·교정	문종남	디자인	김형조
홍보마케팅	김윤성	관 리	서연정

ⓒ 2017, 장경각

ISBN 978-89-93904-81-9 04220
ISBN 978-89-93904-77-2 (세트)

값 15,000원

※ 이 책에 실린 내용은 무단으로 복제하거나 전재할 수 없습니다.
※ 잘못된 책은 교환해 드립니다.

※ 이 도서의 국립중앙도서관 출판예정도서목록(CIP)은 서지정보유통지원시스템 홈페이지(http://seoji.nl.go.kr)와 국자자료공동목록시스템((http://www.nl.go.kr/kolisnet)에서 이용하실 수 있습니다.
(CIP제어번호 : CIP2017016073)

"사람 가운데서 빼어나면 영특하다 하고,
만 사람 가운데서 빼어나면 걸출하다." 하였다.
납자로서 지혜와 수행이 총림에 소문난 자라면
어찌 영걸(英傑)한 인재에 가깝다 하지 않으랴.